‖ 인문교양총서 26

훔볼트 형제의 통섭

●

김 미 연

인문교양총서 026

훔볼트 형제의 통섭

김미연 지음

역락

21세기라는 새로운 시대가 시작된 이래 세계화와 통섭은 우리에게 더 이상 낯설지 않은 용어가 되어버렸다. 에드워드 윌슨은 21세기 학문을 자연과학과 창조적 예술을 기본으로 하는 인문학으로 구분한다. 통섭이란 윌슨의 저서 "consilience"에서 제시된 개념인데 '큰 줄기, 또는 실마리'라는 뜻의 통(統)과 '잡다 또는 쥐다'라는 뜻의 섭(攝)을 합쳐 만든 말로 '큰 줄기를 잡다'는 의미를 지닌다. 2005년 그의 저서가 번역되어 소개되면서 통섭은 "사물에 널리 통하는 원리로 학문의 큰 줄기를 잡는다"는 뜻으로 사용되고 있다. 거의 모든 학문분야에서 통합과 융·복합이 이 시대의 화두로 떠오르고 있다. 마치 통합과 융·복합을 하지 않으면 시대에 뒤떨어지는 듯한 분위기 때문에 대학에서도 학제간 통합과 융·복합의 요구가 지배적이다. 하지만 단순한 경계 허물기에 그치는 학제간 교류와 통합보다는 통섭의 학문적 태도야말로 이 시대가 진정 요구하는 것은 아닌지 숙고해야 한다.

이 글은 인문학, 심리학을 비롯한 사회과학은 물론, 예술과 문화 또한 자연과학의 인과적 설명을 통해 이해가능하다는 윌슨의 입장과는 달리 인문학이 학문의 큰 줄기라는 관점에서 출발한다. 또한 지식대통합으로서 통섭이 아닌 지식 협동의 논리로서 통섭개념이 사용된다. 훔볼트 형제의 개성과 보편성 개념은 현대 인류학자 보아스의 견해처럼 여러 인종과 민족집단 간의 심리적 차이가 아니라 그들의 고유한 문화, 즉 언어를 비롯한 사회적 행동패턴으로 전달되는 관념과 가치의 총체적인 체계에서 유래한다는 관점과 같은 맥락에서 살펴볼 수 있다. 예를 들어 보아스는 원시부족들의 언어가 유럽 언어들보다 단순한 게 아니라 단지 다를 뿐이라는 사실을 입증함으로써 모든 집단은 동일한 정신능력을 타고났다고 전제하는데 이는 이미 훔볼트 형제가 제시한 입장과 비슷하며 그들의 인문학적 통섭의 언어관에서 개성과 보편성의 개념으로 제시된 바 있다. 윌슨은 그의 통섭이론에서 관찰과 추론을 통해 다른 사람들의 믿음, 가치, 관습, 지식, 아이디어 등을 습득하는 능력을 심리적 적응결과로 간주한다. 그러나 빌헬름 폰 훔볼트는 언어를 통해 문화를 설명한다.

　지난 세기만 해도 상상하기 어려웠던 디지털 정보혁명이라는 신기술의 발달은 예측 불가능한 속도로 삶의 패턴을 변화시키고 있을 뿐 아니라 모든 전통적 가치를 혼란에 빠트리고 있으며 경쟁에서 살아남기 위한 가치로서 우상화되고 있다. 신기술과 세계화의 동반자적 과정은 그러나 기존의 전통적 가치를 와해 또는 문제적인 것으로 전락시켜 우리는 시간과 영혼을 잃어버린 상황에 처하게 된 듯 보인다. 세계화 과정의 필연적 현상이라 할 수 있는 종교와 문화간 충돌은 공유하는 가치의 부재에 기인하는데 이 현상은 보드리아르가 지적한대로 세계화의 힘이 보편적 가치를 파괴한다는 지적에서 이해될 수 있다. 보편적인 것이 세계화의 과정에서 그 가치를 위협 받게 될 때 2001년 우리를 경악시킨 9·11 테러는 필연적 사건이 아닐 수 없다. 세계는 공존하는 가치에서 조화를 이루며 균형을 유지하는데, 가치와 이념이 자신의 것과 다르다는 이유로 배타적인 태도를 고집할 때 타자의 고유한 존재 가치는 손상되어 균형이 깨지는 대표적 예라 할 수 있다. 따라서 우리는 교육을 통해 인문학적 통섭의 가치를 증가시키고 자연의 지배자가 아닌 관리자가 되어 자연착취의 시대를 끝내고, 문화적 다양성을 유지하기 위한 노력과, 경제적 이윤 추구라는 시대의 우상을 경계할 윤리적 요구를 이루어내야 한다. 그렇다면 우리는 가치의 하찮음이 압도하는 시대에 어떻게 가치의 진지함을 사유해야 할 것인가! "신은 죽었다"는 니체의 명제가 20세기 서구의 모든 전통적 가치를 붕괴시킨 것처럼 세계화가 우리를 압도하고 있을 때 우리는 어떻게 이 시대에 필요한 가치를 창조할 수 있는 것인가! 만일 인류의 문화유산이 과거의 유물이 아니라 오늘 우리가 경청해야 할 메시지를 전하고 있는가에 대한 탐구와 논의가 인문학의 과제라면 대중과 문화유산과의 소통을 매개하는 것은 이 시대에 반드시 필요한 작업이 아닐 수 없다.

우리에게 다소 낯선 그러나 교육과 언어철학 그리고 자연과학 분야에서 우리가 기억하는 훔볼트 형제는 독일을 시인과 사상가의 나라로 기억하는 데 기여한 괴테, 쉴러, 칸트와 동시대의 인물이다. 우리가 두 세기라는 과거의 시간에 갇혀있던 두 인물을 새롭게 조명하고자 하는 이유는 계몽주의 영향을 받은 훔볼트 형제의 인문학적 통섭의 학문의 태도에서 창출된 보편적 가치를 통해 이 시대의 문제와 해결방향을 진단해 보고자 하기 때문이다. 계몽주의 시대의 보편적 가치는 권리가 아닌 책임이며 자아와 자유의 완성으로 이해할 수 있다. 보드리아르는 세계화시대에는 이러한 보편적 가치는 완전히 사라지고 전문성만 강조된다고 지적한다. 이로 인해 존엄성, 명예, 도전정신, 희생정신과 같은 품격있는 가치들은 구시대적인 것으로 치부되고 있다. 인간의 권리는 세계화 과정에 통합되어 마치 하나의 변명거리에 지나지 않으며, 법률적이고 도덕적인 포장을 위한 하나의 광고처럼 기능하고 있다. 서구의 전통적 가치는 한편으로는 긍정적으로 작용하지만 또 다른 측면으로는 9·11 사태와 같은 극단의 경우를 유발한다. 대결구도를 전제하는 선과 악이라는 이원론적 세계관이 이 시대에 극명하게 나타나고 있다. 오늘날 이원론적 세계관에서 비롯되는 문제점들은 인문학에 바탕을 둔 통섭의 가치, 세계관으로 해결점을 찾을 수도 있을 것이다. 서구의 가치로 규정되는 악을 부당함에서 비롯되는 결과로, 억울함과 불행에 대한 반응으로 이해하는 것은 비장하고 감성적인 측면이자 인도주의적 관점이며, 억울한 사람들에 대한 공감의 표현이기도 하다.

지금이야말로 우리가 잊고 있던 자유, 명예, 인간중심의 전통적인 가치를 회복하는 일이 무엇보다 시급하다. 이미 약 250년 전 다양한 인종과 언어의 발견을 통해 세계화시대 문제에 대한 비판적 인식의 단초를 제공한 훔볼트 형제의 가치관에 대한 재조명이 필요한 시점이다. 이들 형제는 특히 보편적 가치와 개성의 가치를 언어, 교육, 자연과학 분야에 접목시켜 오늘날까지 영향력 있는 업적을 남겼다. 보편적 가치와 전통적 가치가 세계화라는 거대한 흐름 속에 사라져 가고 있는 현 시점에서 인문학에 기초한 통섭의 세계관과 가치관을 바탕으로 삶의 마지막 순간까지 최선을 다한 훔볼트 형제를 통해 세계화시대에 꼭 필요한 도전정신과 인본주의적 태도

그리고 통섭의 방법론을 배우고자 한다. 형제가 보편적 가치를 어떻게 자신의 것으로 만들게 되었는지에 대한 이해에서 출발한다. 빌헬름 폰 훔볼트(빌헬름)는 인문학의 대가로, 알렉산더 폰 훔볼트(알렉산더)는 자연과학의 대가로 알려져 있다. 그러나 빌헬름은 고고학, 인류학, 철학, 역사, 해부학 등 학제 간 벽을 넘나드는 통섭 교육을 받은 인재였다. 알렉산더 역시 식물학, 생물학, 광산학, 생물학, 해부학뿐만 아니라 철학, 고고학, 역사, 인류학에 이르는 학문의 경계를 넘나드는 교육을 받았다. 이러한 교육을 배경으로 빌헬름은 3학기 대학생활을 제외한 어떠한 공교육을 받지 않고도 오늘날 독일 교육이념의 근간이 되는 독일학제를 재정립할 수 있었으며, 인류학, 고고학, 문학에 관심을 갖고 언어철학적 사고를 발전시켜 비교언어학의 토대를 마련한다. 알렉산더 역시 인문학적 자연과학자로 남아메리카 탐험에서 비교언어학의 토대가 되는 귀중한 언어자료를 제공한다. 뿐만 아니라 자연의 아름다움이나 예술성을 탐구하여 인간과 세계를 이해하고자 노력한 미학적 자연과학자의 무한한 열정으로 자료를 직접 기록하는 등 전무후무한 방대한 탐험자료를 자연과학사에 남겼을 뿐만 아니라 자연과학으로 인간과 세상을 이해하는 새로운 시각을 제공하는 위대한 업적을 남긴다.

훔볼트라는 이름을 떠올리게 되는 독일 교육개혁의 배경을 비롯하여 훔볼트 형제가 이루어낸 성과에서 오늘날 우리에게 시사하는 바를 찾아보고자 한다. 특히 형제의 삶에 결정적 영향을 끼친 주요전환기를 소개한다. 외로운 유년기, 새로운 세계 인식의 계기가 된 베를린 독서클럽, 형제의 인생전환에 결정적 계기가 되는 칸트와의 만남, 그리고 삶의 마지막 순간까지 함께 한 인생의 동반자를 살펴본다. 1810년 기초된 초등교육부터 대학까지의 독일 교육이념이 오늘날 유럽 경제중심국가로 영향력을 행사하고 있는 독일 교육체제의 근간이 된다는 것은 시사하는 바 크다. 특히 훔볼트 형제는 대학교육을 제외하고는 귀족계급으로서 일반인들의 교육과는 다른 철저히 엄선된 최고의 사교육을 받았다. 그들은 상류층의 귀족자제로서 최고의 교육환경에서 호화롭게 살 수 있었음에도 불구하고 귀족은 물론 최하층 계급까지 누구나 평등한 교육을 받을 수 있도록 하는 초등학교, 중·고등학교에 해당하는 김나지움, 우수한 연구중심의 대학교육을 위한 아비투어 시험도입, 자유로운 연구중심의 대학교육, 연령과 성별의 제한 없이 누구나 평생 교육의 기회를 가질 수 있는 평생대학에 이르기까지 오늘날 경제대국의 바탕이 되는 독일의 교육제도를 만들었다. 독일 교육시스템의 특징이라고 할 수 있는 국가에 의한 무상교육 역시 빌헬름의 교육개혁 성과라고 할 수 있다. 경제적으로 풍요로운 귀족계급이었지만 훔볼트 형제가 항상 주변의 약자들에 대한 관심과 더불어 그들의 편에 서려한 것은 인문학적 교육의 결과라 할 수 있다. 모든 국민이 경제적

여건과는 관계없이 평등하게 교육받을 수 있으며 개인의 인성을 개발할 수 있는 기회를 가질 수 있도록 학제를 개혁한 것도 그런 맥락이다. 인간을 중시하는 형제의 인본주의적 가치관은 인문학을 바탕으로 한 다양한 교양교육의 영향이라 할 수 있다.[1]

공교육을 전혀 받지 못했음에도 불구하고 어떻게 모든 사람들이 평등하게 교육받을 수 있는 초등학교, 김나지움, 대학과 같은 교육개혁을 생각할 수 있었는지, 그 수수께끼를 훔볼트가의 가정교육 및 형제의 스승들과 그들의 교육철학을 통해 살펴본다. 유일한 공교육이라 할 수 있는 짧은 대학생활과 이들에게 영향을 끼친 사건들과의 연관성 역시 놓칠 수 없는 부분이다. 사교육으로 부족할 수 있었던 인격형성 및 대인관계는 베를린 독서클럽과 같은 활동을 통해 보완되는데 특히 「순수이성비판」을 통한 칸트와의 만남은 형제의 새로운 세계인식 형성에 획기적 계기가 된다. 인문학자로 알려진 빌헬름은 대학에서 전공인 법학보다 자연과학과 의학, 인류학과 같은 학문을 통해 그의 정신세계를 발전시킨다. 칸트, 그리고 당대 철학가들의 삶을 통해 그는 "자유와 고독"의 필요성을 강조하는데 이러한 이념은 자율성을 강조하는 대학이념의 바

---

[1] 1970년대 한독 국교수립 이후 많은 한국 유학생들이 빌헬름 폰 훔볼트가 기초한 교육제도의 영향으로 무상교육을 받았다고 할 수 있다. 필자 역시 이러한 교육제도의 혜택으로 유학기간 동안 독일정부의 지원을 받으며 공부할 수 있었다.

탕이 된다. 빌헬름은 인간적 사유를 바탕으로 역사, 철학, 언어와 같은 핵심 교양교육과 보편성의 가치를 독일의 학제, 대학 및 평생교육이념에 적용시킨다. 빌헬름에 의해 확립된 이러한 교육이념과 대학이념이 오늘의 강성한 독일을 만드는 데 절대적 역할을 하였다고 해도 과언이 아니다. 독일 베를린 훔볼트 대학을 상징하는 형제의 동상에서 이들의 교육적 업적을 기억하게 된다. 형제는 비교언어학을 비롯한 언어연구에 결정적인 기여를 한다. 빌헬름의 언어철학은 인류학적이고 철학적이며 때로는 문학적이고 미학적이기도 하다. 나아가 그는 의학의 한 분야인 해부학을 바탕으로 언어를 통찰하고 음성기관을 통한 언어의 생성이란 관점에서 "언어를 사고를 형성하는 수단 Sprache ist das bildende Organ"으로 정의하며, 언어로서 인간과 세계를 이해하고자 한다.[2] 인류학과 고고학에서 출발한 그의 미학적 언어철학은 언어를 통해 인류의 정신적 발달이 이루어진다고 전제한다. 빌헬름은 사고 창조의 활동적 도구로서 언어를 "에르곤 Ergon", 즉 고정되고 정적인 특징을 가진 "작품"이 아닌 인간 고유의 "정신활동"인 "에네르게이아 Energeia"로 이해하며 이러한 언어관에서 그의 세계관이 형성된다.[3]

---

[2] Wilhelm von Humboldt, Ⅶ, 46쪽.

[3] "ergon" 개념은 아리스토텔레스의 형이상학에서도 나타난다. 아리스토텔레스는 이 개념을 기능으로 정의한다. 아리스토텔레스 Ⅶ10, 1035b 14~18, 조대호, 아리스토텔레스의 학문체계.

천문학, 생물학자로 알려진 알렉산더 역시 비교언어 연구에 기여한다. 자연과학자이면서도 비교언어학 연구발전에 기여한 알렉산더를 이해하는 데 있어 칸트와의 만남을 살펴보는 일은 필수적이다. 알렉산더는 군인이었던 아버지의 영향으로 어린 시절 그의 꿈은 군인이기도 했다. 그는 30세의 나이로 1799년부터 1804년까지 아무도 도전하지 않았던 5년 2개월간의 아메리카 탐험을 시작한다. 유럽에서 남미 및 아마존의 해발고도를 기록한 최초의 지리학 연구가로서 21세기 지금까지도 높은 명성을 얻고 있다. 어린시절 형, 빌헬름과 끊임없이 비교당하며 이해가 늦은 아이로 상처받고 자랐지만 칸트를 비롯한 인문학을 배우며 주위의 편견과 질책에도 포기하지 않고 자신이 진정으로 원하는 것을 발견하게 된다. 또한 식물학자 빌데노프와의 인연으로 자연관찰을 세계인식의 과정으로 받아들인다. 그는 남미탐험에 만족하지 않고 60살의 고령에도 1829년 러시아 탐험에 도전하는 열정을 보인다. 알렉산더는 「열대지역의 자연도」에서 태평양 해안선에서 안데스 산맥의 최고봉에 이르는 신대륙 열대지역을 해발고도와 함께 소개하는데, 해발고도의 차이에 따라 변화하는 식물, 동물상, 지질, 토지, 기온, 설선, 대기의 화학조성, 기압, 중력, 일조 등 인간이 사는 세계의 아름다움을 그의 탐험보고서이며

2007. 24쪽.

평생의 역작인 「코스모스 Kosmos」에서 소개한다. 「식물지리
학 시론 및 열대지역의 자연도」를 통해 그는 근대 자연지리
학의 아버지라는 평가를 받는다. 해발고도에 따른 식물의 분
포도를 통해 인간이 사는 세계의 아름다움과 신비로움을 표
현하는데, 이는 오늘날까지 지리학 교과서의 토대를 제공할
정도이다. 또한 해발고도의 측정을 위하여 기압계를 최초로
사용하며, 단면도와 평균고도를 이용하여 남아메리카 열대지
역의 아름다운 자연세계를 소개한다. 아울러 식물의 성질, 토
양, 기후를 바탕으로 한 식물지리학 연구를 최초로 선보인 점
을 미루어, 그가 자연의 아름다움으로 세상을 보는 시야를 넓
히려고 노력했는지를 그의 미학적 자연과학자의 관찰방식과
태도에서 엿볼 수 있다. 그러나 중요한 것은 알렉산더가 아메
리카 여행에서 자연과학자의 입장에서만 세계를 탐구한 것이
아니라, 인간, 언어, 그들의 문화를 통해 인간의 세계를 이해
하고자 노력한 인문학적 자연과학자라는 점이다. 그의 인본주
의적 관찰방식은 칸트의 영향으로 볼 수 있다. 그는 인류 발
전사를 탐구하는 관점에서 남미 부족들의 언어자료를 수집하
고 분석하여 비교언어학 연구발전에도 큰 기여를 한다. 이는
알렉산더가 칸트의 계몽주의 철학의 관점에서 인간을 관찰하
였기에 가능한 일이다. 칸트는 알렉산더가 용기를 갖고 자신
의 이성을 신뢰함으로서 세계에 대한 도전의식을 갖도록 일
깨운 인물이다.[4] 알렉산더는 자연과학분야의 업적 외에 언어

와 문화 연구자료 수집이라는 융·복합적 연구가의 전형을 또한 보여준다. 남미탐험 후 90세로 생을 마감할 때까지 베를린 대학에서 인문학에 바탕을 둔 자연과학자로서의 탐험결과를 「코스모스 Kosmos(우주, 세계질서)」로 강연하는 등 끝없는 지적 호기심으로 도전하는, 오늘날 우리가 본받아야 하는 글로벌 지성인의 모범을 보여준다고 해도 과언이 아니다. 그는 언어철학자, 자연연구가, 탐험가, 박물학자, 광물학자, 해양학자의 명성을 얻으며, 독일뿐만 아니라 프랑스 지리학에 많은 영향을 남긴다. 그의 탐험 결과보고서 및 출판물은 20세기 중엽까지 대학 지리학 교육의 근간이 되었고 "새로운 아리스토텔레스"라고 불릴 만큼 당시 세계적 인물로 평가받는다. 언어학자 야콥 그림은 괴테, 쉴러, 레싱과 함께 알렉산더를 독일의 대표적 인물로 높이 평가하고, 지리학자 칼 리터는 그를 "학문의 대가"로 칭송한다. 알프레드 도브는 괴테 사후 가장 유명한 인물로 알렉산더를 지칭한다. 특히 그의 대작 「코스모스 Kosmos(우주)」는 민족문헌으로 칭송받는다. "Kosmos"는 "질서로서의 세계"를 나타내는 그리스어에서 유래한다. 그는 1845년부터 1862년까지 총 5권에 달하는 지질학, 천문학 19세기 과학 전반을 「코스모스」에서 다루고 있다. '우주'라는 뜻의 "코스모스 Kosmos"는 스토아 철학에서 '우주의 시민'이라는

---

4 당시 유럽은 계몽주의 사상이 지배적이었고 칸트는 「순수이성비판(1781)」에서 인간 스스로 자신의 이성적 판단을 믿고 새롭게 시작하는 용기를 가지기를 격려한다.

뜻으로도 사용되는데, '신, 천체, 세계적 시민'의 세 가지 뜻을 가지고 있다. 알렉산더는 1859년 생을 마감할 때까지 세계시민을 위한 교양서적 집필에 전념하나, 마지막 5권은 그의 사후에 출간된다. 이러한 사실에서도 인문학을 바탕으로 한 철학지식이 그의 자연과학 업적에 어떠한 영향을 주었는지 미루어 짐작할 수 있다. 그는 자연의 질서가 제공하는 아름다움을 최대한 상세하게 기술함으로써 세계의 질서를 배울 수 있는 「코스모스 Kosmos(우주)」라는 업적물을 세상에 소개한다. 1845년에 출간된 1권 「물리적 세계에 대한 서술계획」에서 천체학, 기후, 밀물과 썰물, 지진과 같은 자연에 나타나는 외적인 현상에 대해 묘사하지만 궁극적으로는 인간의 삶과 연관된 자연현상을 성찰하고자 한다. 1847년에 출간된 2권에서는 자연현상을 받아들이는 인간의 감성과 시적 상상력에 대해 서술한다. 1권에서 자연을 객관적으로 관찰하였다면 2권에서는 자연으로부터 얻어지는 인간의 상상력에 집중한다. 2권에서 알렉산더는 동식물에서 나타나는 생명력을 미학적으로 표현한다.[5] 동물과 식물의 생명력을 최대한 전달하기 위하여 직접 물고기의 아름다움을 스케치하여 우리와 공존하고 있는 생물체를 통해 세상을 바라보는 시각을 제시한다. 또한 식물들의 성장과정을 자연의 풍경과 함께 예술적으로 그린다. 그

---

[5] 알렉산더는 오리노코강에 살고 있는 물고기들을 직접 스케치하며, 이 지역의 특성과 함께 물고기들을 자세히 관찰하여 길이, 특징 등을 일기장에 상세히 기록한다.

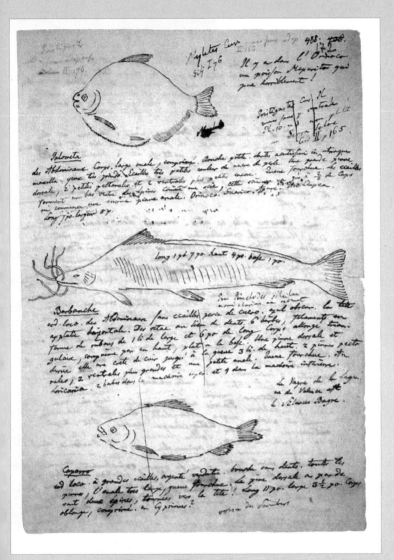

• 알렉산더가 일기장에 잉크로 직접 그린 오리노코강 유역의 물고기 스케치. Holl. 1999. 71쪽.

가 남미탐험에서 관찰한 이국적 식물문화에서 고대 그리스의 영향을 살펴볼 수 있는데, 왜냐하면 고대 그리스에서는 인간이 모든 사물의 척도로 간주되었으므로 자연에 대한 설명은 부차적인 것이었기 때문이다. 3권에서는 1권에서 소개된 천체를 위성과 함께 체계적으로 설명한다. 4권에서는 지구의 크기, 모양, 밀도, 온도 등을 다루며 화산활동과 같은 지구의 표면 반응을 적고 있는데, 침보라소 화산활동의 생동감있는 아름다움에 대한 묘사에서 그의 세계를 바라보는 철학적 태도를 읽을 수 있다.

5권에서는 지구에서 나타나는 기타 현상들이 보충되고 지질학적 현상들이 소개되는데, 특히 지구에 살고 있는 인간을 비롯한 생명체에 대한 관찰로 이어져 인간이 살아가는 세계를 총체적으로 이해하고자 한다. 그는 「코스모스 Kosmos(우주)」에서 자연을 내적 힘을 통해 움직이고 숨쉬는 생명체로 보며, 우주에서 세계의 법칙성을 찾고자 한다. 그가 이러한 5권에 걸친 대작을 서술할 수 있었던 배경으로는 다방면에 걸친 그의 탐구열, 학문과 교양을 위한 공동체적 환경, 그리고 인적 네트워크를 중시한 그의 성격을 들 수 있다. 그는 사람들과 있을 때는 말을 많이 하고 혼자 있을 때는 저술활동에만 전념한 것으로 유명하다. 그의 명성은 아메리카와 아시아의 산맥, 미합중국과 아르헨티나의 여러 도시들의 이름, 캘리포니아의 해안가 만곡의 이름들, 해류의 명칭, 강, 호수, 빙하들에서 여전히 만날 수 있다. 그는 독일의 문화가 꽃피던 시기에 시민 지식층의 상징적 인물이자 독일의 자연과학 연구수준을 세계적 수준으로 올린 선구자이기도 하다. 괴테가 독일 문학을 세계적으로 인정받게 하는 데 기여했다면 그는 독일 학계의 대표적 인물로 독일 자연과학 연구를 세계적 수준으로 끌어올린 일등공신이라 할 수 있다. 알렉산더는 당시 인류학, 철학 중심의 유럽학계에 수로학, 식물지리학, 비교기후학 같은 새로운 학문을 소개하고, 대학에서 신학, 철학, 법학, 고전언어학, 철학 외에 자연과학의 연구가능성을 제시한 것 또한 그의 업적이라 할 수 있다. 아울러 칸트의 계몽주의 철학과 인문학적 교양교육을 바탕으로 89세까지 노예제도 개선과 유대인들이 겪는 부당한 대우를 개선하기 위한 노력 또한 높이 평가할 수 있다. 1826년 알렉산더는 쿠바평전에서 노예제도 철폐를 요구할 정도로 인간에 대한 관심과 애정을 보였다. 노예, 유대인에 대한 불합리한 대우 등 사회제도의 부조리한 점에 분개하며 삶을 마감할 때까지 이의 개선을 위해 노력한 점을 미루어 인문학적 자연과학자로서의 면모를 엿볼 수 있다.

오늘날 우리는 유용성과 합리성이라는 시대적 요구에 매몰된 채, 언어행위의 본질인 인간의 정신활동보다 언어로 만들어진 결과물만을 중시하여 소통의 단절 내지 고립화를 심화시키고 있다. 물질적 풍요를 누리고 있음에도 모두가 힐링을 외치며 고립에서 벗어나려고 하는 것도 바로 이 때문이다. 오늘날 인간성, 가치의 부재라는 혼란의 시대에 공존의 세계화를 배우기 위해서는 훔볼트 형제의 인문학적 통섭의 세계관, 언어관, 교육관을 배우는 것이 필요하다. 언어를 정신활동으로 이해하는 빌헬름의 언어학은 역사인류학 관점에서 출발한다. 그의 삶이 인류학자, 정치가, 교육개혁자 등 언어연구 이외의 활동에 집중되었음에도 불구하고 그의 언어사상, 언어철학은 유럽뿐 아니라, 미국의 언어학자인 사피어, 워프, 촘스키에게도 영향을 줄만큼 중요하며, 언어학사에서 여전히 중요한 학문적 가치와 의미를 지니고 있다. 훔볼트 형제는 당대 최고의 언어전문가였고 그들의 비교언어학, 자연과학 저서가 어느 고전과 비교할 수 없을 정도의 가치를 가지고 있음에도 불구하고 미국의 이론에 익숙한 우리에게는 아쉽게도 잘 알려져 있지 않다. 현대사회는 보편성의 가치보다는 개성과 독창성을 강조한다. 형제가 보여준 세계관과 융·복합적 지식탐구의 태도를 미래 인재교육의 관점에서 재조명하는 일은 글로벌 시대에 당면한 문제해결에 방향성을 제시한다는 점에서 의의가 있다 할 수 있다. 인문학과 자연과학의 만남! 빌헬름과 알렉산더 형제의 교육철학, 언어철학, 그리고 자연과학에서 인문학적 융·복합의 의미를 되새기며 미래를 준비하여야 한다.

차례

1. 삶과 교육

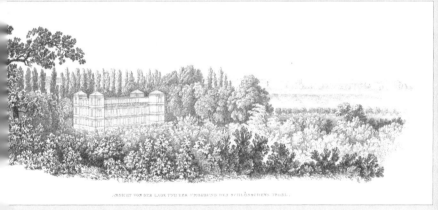

ANSICHT VON DER LAGE UND DER UMGEBUNG DES SCHLÖSSCHENS TEGEL.

• 쉰켈에 의해 동판화로 그려진 테겔성의 모습. Heinz. 2001. 11쪽.

테겔성에서의 유년기

  빌헬름 폰 훔볼트는 아버지 게오르크 폰 훔볼트와 어머니 마리아 엘리자베스 콜롬보 사이에서 1767년 6월 22일 독일 포츠담에서, 알렉산더 폰 훔볼트는 2년 뒤인 1769년 9월 14일 베를린에서 태어난다. 거슬러 올라가면 폼머른 출신의 부계 조상인 요한 파울 훔볼트가 1738년 프로이센 프리드리히 빌헬름 1세 왕으로부터 귀족작위를 받음으로써 훔볼트가는 프로이센의 귀족가문이 되고, 아버지 게오르크 폰 훔볼트 역시 16세부터 1762년 장군으로 퇴역할 때까지 국가에 봉사한다. 어머니의 조상은 남프랑스 출신으로 1685년 종교의 자유를 찾아 1711년 브란덴부르크로 이주하여 많은 부를 축적한다. 그녀는 부유한 시민가정에서 태어나 18살에 이미 베를린 예거가 콜롬브 성을 상속받고 한 번의 결혼을 통해 베를린 테겔성을 비롯한 많은 부를 얻는다. 이후 프로이센 왕가 시종이었던 게오르크 폰 훔볼트 소령과 결혼하는데, 그녀의 부는 후일 형제가 인문학과 자연과학 분야에서 독자적 연구를 할 수 있는 재정적 뒷받침이 된다.

  아버지 게오르크는 사람들을 좋아하고 유쾌하고 활달한 성격으로 인간관계를 중시하는 사교적인 인물이었으나 1779년 형제가 사교계에 발을 들여놓기 전 갑작스러운 죽음을 맞는다. 당시 알렉산더는 9살, 빌헬름은 11살로, 갑작스러운 아버지의 죽음과 차갑고 엄격하며 형식을 중요시하는 어머니로 인해 외롭고 힘든 유년시절을 보낸다. 수도 베를린에서 상당히 멀리 떨어진 테겔성에서 또래 친구나 학교친구 없이 오직 가정교사로부터 교육받는다. 어머니는 루소의 교육이념 신봉자로서 남편 사후 프로이센 궁정과 일정한 관계를 유지하며 자식교육에만 전념한다. 특히 첫 번째 결혼에서 얻은 아들 하인리히 폰 홀베데가 그녀의 야망을 채워주지 못하자 훔볼트 형제에게 모든 것을 투자하며 이들이 고위관직을 준비할 수 있도록 최고의 교육기회를 제공한다. 그녀는 감정을 잘 드러내지 않고 차갑지만 확고한 신뢰감으로 의무에 충실하며 공식적인 자리에만 참석하는 등, 조용하고 단정한 성품으로 근검절약하며 형제의 교육과 재산유지에만 주력한다.

형제는 어린 시절을 회상하며 학교친구들도 알지 못하고 또래 친구들과 어울린 경험이 없는 것을 불평하기도 하였다. 알렉산더는 테겔성에서 1792년 6월 프라이부르크 대학동창인 칼 프라이에스레벤에게 그가 테겔성 주변 숲을 얼마나 사랑하였는지를, 동시에 테겔성에서 교육받을 때 외롭고 힘든 어린 시절에 대해서도 상세히 적고 있다. "우리가 산이라고 부르는 포도나무로 둘러싸인 언덕은 외국에서 온 나무, 성을 둘러싸고 있는 초원, 그림같은 호숫가의 놀랄만한 풍광으로 이 지역에서 가장 매력적인 장소이다. 이 곳 테겔성에서의 안락함과 화려함이 아름다운 추억으로 떠오를 때, 그러나 동시에 이곳이

가엾고 애처로운 감정을 불러일으키는 곳이라면 이중으로 놀랄 것이다. 나는 이곳 테겔에서 내 삶의 슬픈 시절 대부분을 보냈다. 내가 사랑한 사람들로부터 나는 어떠한 감동도 느낄수 없었다. 절제된 감정표현과 엄격한 규율로 인한 고독함으로 항상 사랑과 따뜻함을 그리워했다. 지금의 자유롭고 방해받지 않는 삶에서 그 시절로 다시 돌아가고 싶지 않지만 테겔성 주변의 자연은 어린 시절의 끔찍하고 아픈 추억에도 불구하고 오늘의 내가 있을 수 있도록 내 성격을 형성하고 자연과학에 관심을 가질 수 있도록 만들어준 흥미로운 곳이다."[1] 이 편지는 알렉산더가 어린 시절 엄격한 가정교육으로 인해 외롭고 힘든 상황에 처해 있었음을 잘 표현하고 있다. 어머니는 자식을 위해 최상의 교육환경을 제공하고자 했지만 어린 형제는 그들의 의지와는 관계없이 항상 어른들의 감시 속에서 교육을 받아야만 했다. 알렉산더의 편지에서 볼 수 있는 것처럼 형제의 어머니는 자식들에게 따뜻한 어머니가 아닌 항상 차갑고 엄격한 규율을 강조하는, 자식들에 대한 사랑을 표현하는 데 인색한 어머니였다. 그녀는 자식들이 집에서도 항상 궁정예의를 지키도록 강요하였다. 알렉산더는 비록 어머니와 소원한

---

[1] 알렉산더는 1792년 6월 절친한 칼 프라이스레벤에게 5페이지 장문편지에서 테겔성의 아름다움과 유년기 시절의 고독함을 전하고 있다. 알렉산더는 1787년부터 1799년까지 480통 이상의 장문의 편지를 보낼 만큼 글쓰기에도 관심이 많았다. Die Jugendbriefe. Alexander von Humboldt. 1787-1799. 1973. 191-196쪽.

관계에 있었지만 그녀의 높은 교육열로 인해 형제가 하고 싶은 것을 할 수 있도록 경제적 지원을 보장해준 것에 대해 감사한다.

형 빌헬름과 비교당하며 상처를 많이 입었기 때문에 그는 어린 시절의 기억을 지우고 싶어 하지만, 동시에 학문적인 교육을 위해 그의 어머니가 자신을 희생하였다고 회고한다. 반면 빌헬름은 그의 어머니에 대해 보다 상세히 기억한다. 빌헬름은 사람을 좋아하고 개방적인 성격의 알렉산더와 달리 그의 어머니를 여러모로 많이 닮았다. 그는 체구도 어머니처럼 왜소하고 감정을 잘 드러내지 않는 진지한 사람이었다. 빌헬름이 당시 여러 스승으로부터 천부적인 재능을 인정받고 더 많은 성과를 보인 반면, 알렉산더는 형과 비교당하고, 항상 과중한 학업부담으로 엄격한 스승들에게 다소 문제아로 비쳐지기도 하였다. 빌헬름이 그리스어를 비롯한 인류학에 관심을 가졌던 반면 알렉산더는 자연탐구에 심취하여 어린 시절 아름다운 숲으로 둘러싸인 베를린 근교 테겔성에서 주로 지냈다. 아버지가 이국적인 나무 및 식물로 아름답게 꾸민 이 숲에서 처음으로 자연을 접하게 되었으며 이러한 주변 환경의 영향으로 1781년 7월 그는 일기장에 식물체계에 대해 기록하는 등 자연탐험 및 자연과학연구의 성향을 보여준다. 형에 비해 이해가 느리고, 소극적이며 자주 병치레를 하는 허약한 아이로 책과 공부보다는 그림 그리고 꿈꾸기를 좋아하며 돌, 꽃, 나비를 즐겨 수집하는 등 이때부터 그의 자연탐구가 시작되었다고 할수 있다. 어린 알렉산더는 귀족신분을 자랑스러워하지 않았으며, 왕의 시종이 되느니 약사가 되기를 희망하나, 허영심으로 가득 찬 귀족 친척들로부터 조롱을 받는다. 당시 루소의 자연친화적 교육이념에도 불구하고 그의 자연에 대한 관심사는 인정받지 못하고 "작은 약사"라고 불릴 만큼 무시당했다. 이 대목에서 당시 자연과학에 대한 사회적 인식이 어떠했는지를 엿볼 수 있다. 그는 귀족이라는 신분보다 자신의 노력과 성과로 수집된 자연탐험의 결과물들을 더 중요하게 생각하였다. 알렉산더의 두드러진 특징은 끈기이며, 형보다 더 활발하고 뛰어난 사교성으로 쉽게 사람들과 어울리는 유쾌한 성격의 소유자였다. 또한 외모나 성격에서 아버지를 닮았지만 사람들과 교류하지 않을 때는 책과 자연에 몰두하였다. 이러한 자연탐구에 대한 열정과 끈기, 유쾌함으로 후일 남미탐험과 같은 대장정의 탐험을 성공시킬 수 있었고 자연과학 연구에 중요한 많은 기록물들을 후세에 남길 수 있었다.

최고의 스승들

형제의 교육목표는 처음부터 국가관직을 준비하는 것이었으며, 당시 부유한 귀족가문의 교육방식대로 뛰어난 가정교사로부터 교육을 받는다. 첫 가정교사는 1769년부터 1773년까지 4년간 이복형을 위해 온 젊은 신학자인 캄프로서 그는 루소의 신봉자이자 유명한 교육학자였다. 교육을 받기에는 어린 나이였지만 빌헬름은 후일 캄프를 인간적이고 따뜻하며 어린이들의 이성을 생동감 있게 자극하는 천부적인 재능을 지닌 인물로 기억하며, 그로부터 쓰기, 읽기, 역사, 지리학을 배웠다고 회상한다. 캄프는 이후 황세자의 연대 종군목사로, 후일 교육학자, 출판사, 아동도서 전문가로 명성을 떨친다. 1777년 형제의 삶에 많은 영향을 준 스무 살의 크리스티안 쿤트가 10살인 빌헬름과 8살인 알렉산더의 가정교사로 온다. 신교도 학자 집안 출신이지만 신학보다 교육학에, 라이프찌히 대학에서 그리스어와 라틴어, 불어, 이태리어와 법학에 심취한다. 이러한 쿤트의 다방면의 관심은 형제의 교양교육 형성에 영향을 준다. 쿤트는 게오르크 폰 훔볼트 사후에 정직하게 마리아 엘리자베스 폰 훔볼트의 자산을 관리하고, 유산을 분배하여 형제가 독자적으로 자유로운 학문을 할 수 있도록 배려한다. 쿤트는 1789년 괴팅엔에서 정치적 야망을 위한 학업을 시작하기까지 12년간 형제의 가정교사로서 교육을 전담하며, 젊은 나이지만 상당한 교양과 학식을 겸비하여 다양한 언어 및 문학, 자연과학까지 가르친다. 그는 교육에 있어서는 매우 철저하였으나 동시에 형제에게 친구 같은 존재였으며, 또한 당대의 유명한 다른 교육자를 형제의 가정교사로 추천하기도 한다. 그리하여 형제는 당대 각 분야의 최고 스승들인 크리스티안 뢰플러에게 그리스어와 라틴어를, 고트프리트 피셔에게 수학과 고대 언어를, 베를린 계몽주의를 대표하는 야콥 엥엘에게 철학을, 페르디난드 클라인에게는 자연법을, 빌헬름 돔에게는 국가경제를 배운다. 또한 알렉산더는 다니엘 초도비키에게 미술수업도 받는다. 알렉산더는 이러한 교육을 바탕으로 세계 탐험의 결과물을 직접 기록하는 등 자연과학사 분야에 역작을 남길 수 있었다. 빌헬름 역시 이 시기에 받은 전인교육을 바탕으로 독일의 공교육 개혁을 할 수 있는 교육이념의 토대를 마련하고 언어에도 관심을 가지게 된다.

빌헬름과 알렉산더는 쿤트에게 교육받은 것을 매우 자랑스러워하는데, 알렉산더는 1852년 83세의 나이에 당시를 회상하며 쿤트를 존경하는 글을 남긴다. 빌헬름은 1826년 괴테에게 쓴 편지에서 형제를 대학까지 이끌어 준 특히 귀한 스승으로 그의 옛 스승을 칭송한다. 쿤트는 당시 형제의 교육뿐만 아니라 이들의 성격형성에도 큰 영향을 끼쳤다. 이는 1789년 5월 그의 첫 스승 캄프에게 보내는 알렉산더의 편지에서 알 수 있다. "12년 동안 교육받은 후 스승과 형 없이 혼자 있다는 것이 어떤 것인지는 말로 다 할 수 없다."[2] 빌헬름 또한 그녀의 약

---

[2] 알렉산더가 난생 처음으로 쿤트와 형 빌헬름 없이 괴팅엔 대학 기숙사에서 보낸 첫 5일간의 외로움을 첫 번째 가정교사였던 캄프에게 전하고 있다. 여기서 스승들이 전해준 교양교육에 감사하고 있다. Die Jugendbriefe, Alexander von Humboldt, 1787-1799, 1973, 50-51쪽.

혼자인 카로리네 폰 다흐뢰덴에 쓴 편지에서 그의 옛 스승에 대한 감사를 표시한다 : "그는 나의 유년기를 인도했으며, 지금의 나를 있게 해준 분이고 그의 인도로 오늘의 내가 있게 되었다."[3]

베를린 독서클럽

1783년 마리아 폰 훔볼트는 16살 빌헬름과 14살 알렉산더에게 보다 폭넓은 교육환경을 제공하기 위해 가정교사 쿤트와 함께 베를린 예거가의 집으로 이사한다. 1787년까지 형제는 어머니와 쿤트의 도움으로 활기찬 베를린 생활을 즐기게 된다. 주말에는 테겔성에서 승마를 하며 어머니와 시간을 보내지만 주중에는 베를린 시내에 머물면서 당대 최고의 계몽주의 사상가들 및 유명 인사들과 교류한다. 1785년 식자들의 모임인 '베를린 계몽주의'에 참여하여 당대의 사상가들과 논쟁하며 특히 프로이센 계몽주의를 상징하는 교양인으로서 대화하는 법을 배운다. 베를린의 생활방식과 교류방식은 테겔성에서의 외롭고 고독한 어린 시절 가정교육과는 완전히 대조적인 양상을 보인다. 의무와 책임의식으로 외롭게 지냈던 유년시절의 교육

---

[3] Wilhelm und Caroline von Humbolt in ihren Briefen I, 38쪽.

방식과는 달리 가식 대신 진심으로, 강요 대신 자유롭게 당대 최고의 교양지식인들과의 활발한 교류를 즐긴다. 학업과 독서에만 열중하던 폐쇄적이고 융통성 없던 빌헬름은 대인관계를 넓혀갔고, 다소 반항적이고 무례했던 알렉산더 역시 베를린 사교계를 통해 성숙하고 점잖아졌다.

1781년 칸트가 「순수이성비판」을 발표했을 때 스승인 쿤트를 통해 베를린의 유명한 의사이며 지식인이었던 마르쿠스 헤르쯔와 그의 아내인 헨리테 헤르쯔를 만난다. 마르쿠스 헤르쯔는 칸트의 제자로 이미 칸트와 상당한 교류를 가지고 있었으며, 유태계 소수인을 중심으로 독서클럽을 정기적으로 열었는데 1786년 초 쿤트가 형제를 이 독서클럽에 소개한다. 이들은 칸트를 비롯한 당대 지성인들의 서적, 논문들과 1784년 멘델스존과 칸트에 의해 창간된 베를린 월간지를 중심으로 「계몽주의란 무엇인가?」[4]를 주제로 지식인층이 참여한 독서클럽에서 함께 토론한다. 가장 어린 나이로 참여한 독서클럽에서 계몽주의에 관심을 둔 법학자, 신학자, 의학자, 정치가, 교육가, 철학가 등과 교류하며 형제의 인생에 많은 영향을 끼친 야콥 엥엘, 대법원 고문관인 페르디난드 클라인과, 외무부 각료인 빌헬름 폰 돔 등 당대 영향력 있는 사람들과 친밀한 인맥을 형성한다. 쿤트는 개인 친분으로 형제가 돔으로부터 정치학을

---

[4] 임마뉴엘 칸트의 철학 에세이로 1784년 12월 베를린 월간지에 출판된다. "Was ist Aufklärung?"

배울 수 있게 주선한다. 당시 돔은 비밀 국립문서 관리인으로 1783년 외무부 비밀 군사고문관으로 활동하였으며 귀족들에게 국가경제를 강의할 정도로 학식이 뛰어났다. 형제는 돔으로부터 다양한 국가 현안을 비롯하여, 세계 무역, 화폐가치에 대해 배운다. 이러한 교육경험은 형제가 외교관, 자문관으로 국가에 봉사하는 기초가 된다. 쿤트는 대법원 고문관이었던 페르디난드 클라인을 소개하는데, 클라인의 자연법 관련 교육 및 강의는 빌헬름이 법률가로서 활동할 수 있는 토대를 형성한다. 클라인의 교육은 법지식 전달 이상의 의미를 지니고 있었으며 형제가 독자적인 사고와 저작활동을 하도록 이끌어 주었다. 이 시기 훔볼트는 이미 결혼이란 제도에 대해 독자적인 견해를 가지고 있었으며, 5년 뒤 헨리테 헤르쯔를 통해 빌헬름은 평생의 반려자인 카로리네 폰 다흐외덴을 알게 된다.

1785/1786년 빌헬름은 엥엘에게 철학을 공부한다. 일찍 아버지를 여윈 그에게 엥엘은 아버지 같은 스승이었다. 후일 카로리네에게 보내는 빌헬름의 편지에서 그가 엥엘을 얼마나 존경하며 따랐는지 적고 있다. 엥엘은 소크라테스식 방법론으로 철학적인 지식뿐만 아니라 철학적으로 사고하는 방법을 가르쳤다. 형제들은 엥엘로부터 칸트와 헤르만의 논리적 이성교육과 형이상학에 대해 교육 받는다. 빌헬름이 내적 정신세계에 집중한 반면, 알렉산더는 공기, 물, 돌, 식물, 동물과 같은 자연에 관심을 갖는다. 엥엘의 철학적 사고방식은 플라톤 방식의

교육으로 이어졌고 이를 계기로 빌헬름은 그리스어와 그리스 문학작품을 만나게 되고, 소크라테스와 플라톤의 작품을 번역하고 해석한다. 1787년 말, 「소크라테스와 플라톤의 신, 섭리, 불멸에 대하여」라는 빌헬름의 첫 출판물이 출간된다. 20살 청년의 첫 출간물은 당시 계몽주의에 대한 기본인식으로 그리스 철학과도 관계가 있다. 빌헬름의 이러한 그리스어와 그리스 문학작품에 대한 해박한 지식은 그의 교육이념 및 비교언어학 연구에 큰 영향을 끼친다.

1787년 형제는 어머니의 희망에 따라 베를린보다 규모는 작지만 테겔과 멀지 않은 프랑크푸르트 오더에 있는 비아드리나 대학에 입학한다. 형제의 교육자 겸 예절교사로 쿤트가 동행한다. 빌헬름은 법학을, 알렉산더는 국가학과 행정학을 선택했지만 강의내용은 그들이 받은 교육에 미치지 못해 1788년 4월 학업을 중단하고 괴팅엔 대학으로 옮긴다. 알렉산더는 이 시기에 식물학자인 빌데노프를 만나 식물학에 관심을 가지게 된다. 1789년 4월 알렉산더 역시 괴팅엔 대학에 입학하고 빌헬름의 주선으로 게오르크 포르스터와 친분을 갖게 된다. 포르스터는 제임스 쿡 선장의 두 번째 세계항해에 참여한 적이 있으며 후일 알렉산더로 하여금 세계 탐험의 꿈을 가지게 한 인물이다.

1788년 4월 괴팅엔 대학시기는 빌헬름의 인생에서 인간관계를 통해 중요한 방향을 제시해 준 시기이기도 하다. 그는 이때부터 법학을 멀리하고 점차 일반교양에 집중하였고 저명한 학자와 예술가들과 교류한다. 당대 유명한 철학자이자, 물리학자, 예술비평가이자, 「아포리즘」의 저자인 리히텐베르크에게 실험 물리학을, 쉬뢰쩌에게 일반역사를, 고트롭 하이네에게 고대 언어와 문학을 배운다. 1788년 출간된 칸트의 비판 철학을 독학할 정도로 그는 칸트 철학에 심취한다.

칸트를 만나다

16세의 알렉산더와 18세의 빌헬름은 1785년 헤르쯔 부부와 베를린 계몽주의자들의 주선으로 20여명의 당대 주요 인물들과 교류하게 된다. 형제는 다양한 계층의 지식인들과 프로이센 계몽주의 시대를 대표하는 인물들과 교류하며 세련된 교양인이 되어갔다. 형제는 예를 갖추며 상호의견을 교환하고 논쟁하는 대화에서 독자적 생각을 개방적으로 표현하는 연습을 통해 계몽주의 정신을 배우고 발전시킨다.

그러나 빌헬름의 교육이념에 결정적 계기가 된 것은 쾨닉스베르크 출신인 칸트와의 만남이었다. 마르쿠스 헤르쯔가 칸트의 제자로서 칸트와 편지교류를 하고 있었기 때문에 형제는 베를린 독서클럽을 통해 1784년 베를린 월간지에 실린 칸트의 「계몽주의란 무엇인가?」를 읽게 된다. "인간이란 무엇인가? 용

기를 가지고 스스로 이성적으로 생각하고 행동하라"는 칸트의 요구는 섬광처럼 형제에게 강한 인상을 남긴다.[5] 이러한 계몽주의 사상은 훔볼트 형제에게 독자적인 판단으로 스스로 이성적으로 사고할 수 있는 새로운 세계로 눈 뜨게 해주었다. 칸트가 말하는 계몽, 즉 인간이 스스로에게 부과한 미성년으로부터의 탈출을 위한 다음 단계는 훔볼트 형제에게 대학이었다. 형제는 칸트의 계몽주의 사상의 영향으로 먼저 프랑크푸르트 오더의 비아드리나 대학을 선택했으나, 기대에 미치지 못하는 교육수준에 실망하고, 보다 명망이 높은 괴팅엔 대학으로 옮겨간다. 빌헬름은 1788년 여름학기부터 1년간 페더 교수에게 논리학과 형이상학을, 고트롭 하이네 교수에게 고전 어문학과 고고학을, 리히텐베르크 교수에서 실험물리학을 배운다. 의학자, 자연연구가이자 인류학자인 블루멘바흐 교수를 통해 교육에 대한 열정을 키운다. 특히 블루멘바흐 교수의 진화이론과 해부학을 바탕으로 빌헬름은 개체신생설, 종, 생성, 발전에 관해 깊은 감명을 받는다. 블루멘바흐 교수로부터 배운 교양교육은 살아있는 신체기관과 창조적 정신이 서로 관계가 있다는 것을 알려준 계기가 되었다.[6] 블루멘바흐 교수의 개체신생설

---

[5] "용기를 가지고 자신의 이성적 판단에 따라 도전하기를 시작하라 habet : sapere aude, incipe"의 문구는 시인 호라쯔 Horaz의 인용문 "Dimididum facti, qui coepit, habet : sapere aude, incipe"에서 나오는 인용구이다. "Dimididum facti"는 한국 속담의 "시작이 반이다"와 같은 의미이다. 칸트는 이 인용구를 1784년 "계몽이란 무엇인가 Was ist Aufklärung?"에서 계몽주의 선전문구로 자주 인용하였다. Kant, Ⅵ. 53쪽.

관점의 교육영향으로 알렉산더는 생물학 중심의 자연과학에, 빌헬름은 정신적이고 문화적인 영역에 집중한다. 블루멘바흐 교수의 "교양교육동력(Bildungstrieb)"은 인간이 스스로 인식하고 진리를 찾도록 도와주는 힘으로서 빌헬름의 교육이념에 깊은 영향을 준다. 빌헬름은 블루멘바흐 교수가 해부학 수업에서 몸을 분석하듯 언어를 해부학적으로 분석한다. 그는 언어가 인체의 발성기관을 통해 소리를 만드는데, 이 소리가 사고와 관련 있다고 분석한다. 그는 해부학적 관점에서 "언어를, 사고를 형성하는 수단"이라고 정의한다.[7]

형제에게 칸트와의 만남은 마치 번갯불처럼 새로운 세상으로 눈을 뜨는 경험이었다. 형제는 이때부터 독자적 이성판단으로 독립적인 인생설계를 꿈꾸게 된다. 어린 시절 가식적이고 강요된 교육으로 인한 고독에서 벗어나 학자로서 무궁무진한 자유로운 인생이 있다는 것을 깨우치게 되는 인생의 계몽주의 시기였다고 할 수 있다. 형제는 결단력과 용기는 있었지만 다른 스승들의 도움 없이 독자적인 삶을 이끌기에는 아직 배울 게 많았다. 이런 형제의 교양교육 개념정립에 결정적 영향을 준 사람 역시 칸트라고 할 수 있다. 빌헬름은 1787년 수정보완된 칸트의 「순수이성비판」을 아주 꼼꼼히 읽는다. 특히

---

[6] Geier, 2012, 57쪽.

[7] Wilhelm von Humboldt, VII, 46쪽.

순수 지성개념의 초월적 연역은 훔볼트가 깊이 사고하게 하는 계기가 된다. 여기서 칸트는 선험적으로 규정되거나 제시된 범주적 이성개념을 상상할 때에만 인식 가능하다는 것을 증명하고자 하였다. 「순수이성비판」에서 칸트는 "양, 질, 관계, 양태의 범주는 순수한 지성개념들이며 이러한 개념에서 대상과 관련된 판단력을 연역할 수 있다"고 보았다.[8] 빌헬름은 1790년 칸트의 「판단력 비판」을 읽고 특히 칸트의 판단력 범주를 그의 사고방식과 생활규범으로 정하고, 인간의 감각적이고 정신적인 본질과 연관시킨다.[9] 이를 통해 개별 교양교육의 문제로부터 인간의 보편성 원칙에 관심을 기울이게 된다. 이는 그의 대학설립이념의 근간이기도 하며 언어철학에 몰두하는 계기가 된다.

1798년 칸트의 「세계시민으로서 인간의 인식」은 18세기를 대표하는 인류학 저서라고 할 수 있으며, 인간이 어떻게 올바르게 이 세상을 살 것인가에 대한 칸트의 인류학이라 할 수 있다. 그의 제자 헤르더는 철학은 인류학이 되어야 한다며 철학과 인류학의 관계에 집중한다. 칸트는 철학과 인류학이 체계적으로 명확히 구분되어야 한다고 강조하는 반면, 헤르더는 이 둘을 함께 다루었다. 칸트는 인류학을 "인간의 경험적인 지

---

[8] Kant, 1974, 118쪽. (A 81) A는 1781년에 출간된 「순수이성비판」 초판을 의미한다.

[9] Kant, Kritik der Urteilskraft, 1974.

식을 발견하는 장소로 간주하며, 18세기 인류학이 경험적 학문으로 철학과 쌍벽을 이루지만 인간의 경험적 학문인 역사가 이미 존재하고 있다는 것이 간과되어서는 안 된다"고 강조한다. 역사는 인간본질의 경험적 사실 및 구체적 표현과 관계하므로 18세기에 역사적인 것은 경험적인 것을 의미하며, 그리스어로 역사적이라는 의미는 '조사하다'라는 뜻을 가진다. 헤르더의 역사는 그리스의 역사이자 낯선 민족의 인종학이었다. 특별한 인류학적 호기심은 유럽인과 아메리카와 같은 낯선 민족들과의 만남을 통해 나타난다. 칸트는 세계시민으로서 인간의 인식을 가능하게 하는 첫 번째 원천을 여행으로 본다. 그러나 멀리 있는 사람들에 대해 무엇을 탐구해야 하는지 알기 위해 동시에 가까이 있는 인간들에 대한 지식도 강조한다. 근거리의 인식과 원거리의 인식은 칸트에 있어서 함께 나타나는데, 원거리의 넓고도 미개한 세계뿐만 아니라 전 세계, 전체 공간이 인류학의 공간이라는 것이 강조된다. 근거리의 인식과 원거리의 인식이 바로 세계시민으로서 인간의 통찰을 만들어 낸다. 칸트의 영향으로 빌헬름은 스승 캄프와 동행한 파리방문 이후, 인류학적 호기심을 갖고 당시 문화의 중심지 파리로 두 번째 여행을 떠난다. 왜냐하면 인류학은 최고의 문명을 연구하는 것이므로 개체의 특성이 잘 나타나고 고도로 발전한 문화적 개성을 탐구하기 위해서 파리가 최상의 선택이었다. 빌헬름은 고고학 연구에서 인간이 언어를 습득하기 위하여 어떤 노력을 하는지와, 그 결과물에 관심을 가진다. 그는 고고학 연구의 변형된 관점에서 언어를 통해 민족의 특성을 파악하기 위하여 파리의 모든 것을 관찰하기 시작한다. 빌헬름은 탁월한 많은 사상가를 낸 파리에서 언어의 통합성, 사고의 다양성 관점에서 언어를 연구한다. 왜냐하면 언어는 문학, 역사, 시, 철학, 예술, 정치적 조직과 같은 민족 문화의 다양한 특성을 파악하게 하는 수단이기 때문이다.[10] 그에게 언어연구는 인류학 연구를 위한 핵심이기도 하다.

빌헬름은 파리에서 비교언어 연구를 위한 스페인 여행을 준비하게 되는데, 이때 우연히 쉴러의 「발렌슈타인」 작품을 읽고 언어의 예술성에 감동한다. 그는 쉴러에게 "14일 동안 「발렌슈타인」을 읽는 데 전념했습니다, 나의 소중한 친구여"라며 작품에 대한 애정과 존경을 표시하고, 정신적 우정을 돈독히 한다.[11] 빌헬름은 쉴러의 시작품에서 그의 천재성과 시적인 언어를 통해 새로운 언어세계를 발견한다. 이러한 언어에 대한 탐구는 언어의 정신활동 연구로 이어져 언어연구를 심화시키는 계기가 된다. 또한 스페인 여행에서 바스크족 언어를 알게 된 뒤 언어와 문학작품 연구에서 언어의 중요성을 인식하고 바스크족 언어연구에 몰두한다. 왜냐하면 바스크족 언어의 구

---

10 Wilhelm von Humboldt, III. 166쪽.

11 빌헬름은 1800년에 출간된 쉴러의 「발렌슈타인」을 인편으로 받고 14일 동안 열정적으로 읽은 뒤 그 감동을 쉴러에게 보내는 편지에서 전하고 있다. Schiller/ Humboldt, 1962, 189쪽.

조에서 그때까지 알고 있던 인도유럽어와 다른 구조적 차이를 발견하고 같은 유럽내에서 상이한 구조를 가진 언어로 사고하고 살아갈 수 있다는 사실에 대해 호기심을 가지게 되는데, 이를 계기로 고고인류학 연구에서 언어연구로 완전히 전환한다. 빌헬름은 스페인 마드리드, 코르도바, 세빌리아, 그라나다를 방문하고 여행중에 관찰한 예술, 민속문화, 언어자료를 일기와 그림으로 상세하게 기록한다. 7개월 간의 스페인 여행을 마치고 파리로 돌아와 메모를 중심으로 바스크족 언어관련 「바스코스」를 출간하는데, 수년 간에 걸친 빌헬름의 바스크족 언어 연구는 비교언어학 연구의 초석을 이룬다. 그는 비교언어 연구를 위하여 가능한 풍부한 자료의 필요성을 역설하고 인간교육을 위해 민족들의 상이한 운명을 다루는 언어를 역사적, 철학적으로 이해할 것을 강조한다. 칸트 선험철학의 영향을 받은 빌헬름은 상상력의 통합을 언어적 통합으로 간주한다. 이러한 언어적 통합이 인간중심의 세계관에 나타나는 특징이기도 하므로 개별 언어들은 인식론의 바탕인 세계관으로 간주된다. 그는 스페인 바스크족 언어와 종족들의 통시적 연구에서 미개, 야생의 모습은 사라지고 같은 시민의 모습만 남게 되는 인류학의 공간에서 언어학을 시작한다. 이때 칸트가 인류학에서 강조한 근거리의 인식과 원거리의 인식이 바탕이 된 세계시민으로서 인간을 통찰한다. 쉴러의 작품 연구는 그에게 언어가 갖고 있는 시적인 본질을 알려주는 계기가 되고 바스크족 언어가 지닌 독특한 문법세계는 언어에 내재된 의미론적이고 구조적인 다양성을 인식하는 근거를 마련해 준다.

토론과 같은 생동감 있는 활동, 즉 "에네르게이아"로서 언어에 대한 빌헬름의 이해는 언어학과 어문학의 결합을 의미한다. 언어는 민족정신을 표현하는 것이므로 "민족의 언어는 곧 민족의 정신이고 민족의 정신은 민족의 언어"이다. 언어와 정신은 따라서 동일한 것이다. 정신은 인간의 구체적인 언어활동을 가능하게 하는데, 이때 문법이나 사전만으로는 언어에 대한 이해가 충분하지 않으므로 텍스트와 어문학의 필연적인 결합이 필요하다. 그는 인류의 모든 언어를 서술하는 것을 목표로 인간정신의 다양성에 관심을 둔다. 계몽주의와 르네상스는 유럽인들에게 인류의 문화적 다양성에 대한 눈과 귀를 열어주고 유럽은 아메리카와의 만남에서 문화적·언어적 다양성을 경험한다. 빌헬름은 알렉산더의 도움으로 세계 언어관련 자료들을 거의 모두 갖게 되자, 인간정신의 생산물로서 언어를 관찰하고, 언어가 인간의 사고를 가능하게 한다는 점에서 언어의 독창성을 발견한다. 인간은 단지 언어를 통해서만 인간일 수 있다는 확고한 인식론적 관점에서, 언어가 사고를 형성하며 기호의 표현과 의미는 같은 통합적 단위로 사고를 구체화한다는 것이다. 빌헬름에게 언어는 사고통합의 결과이기에 언어 없이는 어떠한 관념도 생성될 수 없다는 칸트식 개념을 받아들여, 언어 없이는 사고할 수 없다고 전제한다. 언어는 타자와의 상호작용 과정에서 이해될 수 있는데, 이러한 관점은 칸트의 판단의 관계적 범주에서 상호성, 인과성의 개념으로 추론할 수 있다.[12] 이는 빌헬름이 언어관찰에서도 칸트의 영향을 받고 있음을 보여주고 있다. 모든 인간은 사고할 수 있지만 그 사고과정은 언어공동체마다 방법론적으로 다양하게 나타난다. 언어학의 과제는 이러한 인간사고 생성의 다양성을 연구하는 것이기에 빌헬름의 언어연구 프로젝트는 인류의 언어와 사고의 다양성 탐구라 할 수 있다. 발렌슈타인과 바스크족 언어연구에서 아메리카 언어로 그의 연구 영역은 확장되며, 이는 후일 그의 원대한 언어프로젝트인 비교언어학 연구로 이어진다.

언어는 가장 정확한 이성이며, 철학적이고 시적으로 작용하며, 동시에 단어로 된 비유나 울림의 음악성으로 조화를 이룬다. 쉴러와의 편지 교환에서 말하고 있듯이, 그의 언어연구 변천은 쉴러의 발렌슈타인을 읽은 후 감각과 이성의 상징적인 융합을 이해하고 언어를 수단으로 하는 철학과 문학이 완전히 일치한다는 것을 파악하는 그 순간에 시작되었다고 할 수 있다. 빌헬름이 발렌슈타인을 통해 언어의 예술적 경험, 언어의 상징성을 언어이론에 제시하였다면 바스크족 언어 연구결과는 언어의 임의성, 주관성, 다양성이라는 측면을 제시한다. 언어

---

[12] Kant, 1974. 118쪽. (B 106, A 80) A는 1781년에 출간된 「순수이성비판」 초판을 의미하고 B는 1787년 수정본을 의미한다.

는 단순한 의사소통의 수단이 아닌 정신활동에서 나타나는 사고의 결과물이다. 언어는 정신활동이며, 문학작품은 시인의 정신활동을 최고도로 승화시킨 결과물이므로 언어투영은 곧 시인의 정신활동의 투영이며, 사고의 핵심이다. 빌헬름은 문학작품의 시어를 관찰하는데, 괴테의 경우 세계를 묘사하는 언어의 객관성을, 쉴러의 문학작품에서는 언어의 주관성을 강조한다. 그에게 문학작품은 "에네르게이아"가 실제로 완성된 결과물이며 언어학을 어문학과 연결시켜주는 매우 특수한 언어연구의 토대이다.

인생의 동반자

빌헬름에게 있어 1789년은 삶의 중요한 전환기이다. 그는 평생의 반려자인 동시에 정신적 동지라 할 수 있는 카로리네 폰 다흐뢰덴을 만난다. 그녀 역시 8살 때 어머니를 잃고 편부슬하에서 가정교사에 의해 교육받으며, 어린 시절을 스스로 사막에서 자랐다고 할 정도로 외롭고 강요된 교육환경에서 성장한다.

대학도시인 괴팅엔에서 그녀는 최고의 사교계 구성원들과 교류하였는데 마인쯔 대주교 대리인이었던 폰 달베르크를 통해 에어푸르트에서 쉴러, 괴테와 만남을 가진다. 그녀는 당시

주류 사교계 클럽인 "도덕회 Tugendbund"의 구성원이 되는데 이 모임에서 훔볼트 형제를 만난다. 모임의 주제는 1774년 발표된 괴테의 「젊은 베르테르의 슬픔」으로, 이 작품은 새로운 시대정신에 대한 정신적 영감을 불러일으키기에 충분하였다. 카로리네는 친구이며 후일 쉴러와 결혼한 카로리네 샬롯테 폰 랭애펠트를 통해 훔볼트 형제를 쉴러와 괴테에게 소개한다. 1788년 8월 그녀는 "도덕회"에서 빌헬름을 만난 것을 "하늘이 주신 선물"이라며 사랑에 빠진다.

당시 귀족들은 재산과 인맥으로 유럽의 다양한 도시를 여행하고 교류할 수 있었는데 빌헬름의 경우, 그의 첫 번째 스승인 캄프와 함께 처음으로 파리여행을 하게 된다. 1788년 마인쯔, 스위스와 프랑스를 방문 당시 귀족들이 자연과 유적지를 구경하기 위하여 여행하는 것이 일반적이었다면 그의 주된 관심사는 국가사이의 관계에 대한 것이었기에, 파리에 있는 감옥, 고아원, 병원, 호텔들을 방문한다. 당시 파리는 혁명의 여파로 어수선하였지만 그는 캄프와 함께 3주간 파리에 머물며 혁명에 대해 객관적으로 관찰한다. 그의 파리여행은 프로이센 왕조로부터 허가를 받지 않은 여행이었기 때문에 상세한 여행보고서는 남아있지 않다. 그러나 캄프는 「파리에서 쓴 편지」를 신문에 기고하고 1790년 책으로 출간한다.[13] 1789년 8월 빌헬름은

---

13 Briefe aus Paris, Campe, 1790.

혁명이 시작된 지 4주 만에 악명 높은 바스티유 감옥이 무너지는 현장을 목격한다. 정치적 사회적 변화의 시작을 현장에서 체험한 것이다. 2년 뒤 한 편지에서 그는 "한 국민의 인권과 시민권이 억압에서 벗어나는 것을 보는 감동적인 순간이었다"라고 말한다. 이러한 태도는 그가 개혁자가 될 것임을 예고하고 있다. 파리에서 돌아온 빌헬름은 1789년 12월 에어푸르트에서 카로리네와 약혼하고, 1790년 쉴러의 결혼식에서 괴테와 헤르더를 만난다. 이후 2년간의 괴팅엔 대학생활을 마치고 어머니와 장인의 희망대로 경제적 독립을 위해 프로이센 정부의 사법관 시보로, 베를린 법정에서 판사보로, 고등항소법원 고문관으로 활동한다. 그러나 방화범이나 살인자의 범행동기를 제대로 알지 못하면서 판결을 내려야 하는 판사보 업무에 회의를 느껴 외교관 시험을 친후 15개월 만에 판사보 업무를 그만둔다. 포르스터에 보내는 편지에서 "개인의 다양한 교육보다 더 중요한 것은 이 세상에 없다"고 적는다.[14] 그러나 이러한 소신표명으로 오히려 그가 개인교육을 사회교육보다 더 중요시한다는 비난을 받게 된다. 그가 다방면의 교육을 받은 후 1790년 6월 외무부 파견고문관으로 발령을 받았을 때 나폴레옹이 오스트리아와 프로이센을 침공한다. 1791년 6월 에어푸르트 교회에서 성대한 결혼식 후 모든 관직에서 물러나고

---

[14] Lindner, 1986, 8쪽. Geier, 2009.

외무부 파견 고문관직을 잠시 휴직한다. 그는 1792년 5월 첫 아이를 얻은 이후 총 8명의 자녀를 두는데 결혼 초 처가 영토와 자산으로 생활하며, 칸트의 영향을 받아 인류학을 비롯한 다방면의 학문에 몰두한다. 이러한 그의 자유로운 탐구정신과 학문을 연구하는 탐구방식은 후일 독일교육의 근간을 형성하는 데 바탕이 된다. 그는 예술애호가였으며, 정치가, 외교관, 봉건영주, 철학자, 작가, 번역가, 비평가, 언어연구가이기도 하였다.

파리여행에서 프랑스혁명을 목격한 그는 1792년 베를린에서 익명으로 「프랑스 헌법으로 살펴본 헌법 이념」을 기고하였으나, 비판적 반응과 검열로 그의 출세에 부정적 영향을 끼친다. 1851년 그의 사후에 「녹색 책 Grünes Buch」으로 출간되지만 자유주의자의 투쟁서로 오해받는다. 그는 국가보다 개인을 중요하게 여긴다, 왜냐하면 인간은 국가에 의해서가 아니라 자신의 힘에 의해, 자신의 이성에 의해, 자신의 노력에 의해 발전할 수 있다고 믿었기 때문이다. "인간의 진정한 목표는 자신의 힘으로 가장 균형 잡힌 교육을 받는 것이다. 이러한 교육을 위해 자유는 가장 중요한 전제조건이다." 이러한 개인의 자유 개념은 후일 베를린 대학을 설립하는 데 있어 "자유와 고독"이라는 대학설립이념의 바탕이 된다. 1792년 8월 노르트하우젠의 아우레벤에 머물면서 그리스 문학에 몰두한다. 1794년 2월 약 3년간의 은둔생활을 마치고 가족과 함께 많은 여행을

하는데, 바이마르 고전주의 절정의 시기에 예나에 살고 있던
쉴러와 괴테를 만나게 된다. 8살의 나이 차이에도 불구하고 그
와 쉴러의 우정은 쉴러가 새로운 작품에 대해 그의 자문을 구
할 정도로 발전한다. 당시 예나대학에서는 피히테가 강연하고
있었다. 쉴러가 예나로 온 이후 그는 쉴러와의 친밀한 교우관
계를 통해 코타출판사의 「호렌 Die Horen(계절의 여신)」 잡지에
참여한다. 반면에 알렉산더는 자연과학에 관심이 많던 괴테와
더 친밀한 교류관계를 가진다. 당시 괴테는 색채론, 지질학, 해
부학 등 자연과학 연구에 몰두하고 있었다.

빌헬름은 괴테, 쉴러와의 친분이 충분히 무르익기 전 1795
년 7월 어머니의 중병으로 예나를 떠나게 되고, 알렉산더는 어
머니의 병이 호전되자 1796년 봄 아메리카 여행을 준비한다.
빌헬름은 그의 가족과 함께 드레스덴, 빈을 거쳐 두 번째 파리
여행을 마치고 어머니 병세가 호전되어 11월 초 예나로 돌아
간다. 마리아 폰 훔볼트는 자식의 교육을 위해 엄격하고 절제
된 규율을 강조하여 따뜻한 어머니보다는 엄격하고 가식적인
차가운 어머니로 어린시절 훔볼트 형제에게 외로움과 고독을
안겨주었는데, 아이러니하게도 그녀 역시 외롭고 쓸쓸히 죽음
을 맞는다. 1797년 4월 가정교사이자 집안의 재정을 관리하던
쿤트가 그녀의 유산을 정리하여, 형제는 어머니로부터 상속받
은 부를 바탕으로 각자 꿈꾸던 방향으로 연구 및 탐구 여행을
계획한다. 세 아이의 가장이 된 빌헬름은 테켈성과 베를린 예

거가에 있는 시내집을 상속받는다. 이때부터 테겔성은 빌헬름의 영원한 안식처가 된다. 형제는 함께 여행을 가고자 하였으나 카로리네의 건강상태 때문에 알렉산더는 1799년 7월 혼자 남미탐험길에 오른다. 빌헬름과 카로리네는 각자 사생활을 존중해주는 결혼생활을 영위했는데, 그 예로 빌헬름은 가족과 떠나는 이탈리아 여행에 그녀의 남자친구인 부르스도르프를 동행시킨다. 나폴레옹이 이끄는 프랑스 군이 이태리 북부지역에서 전쟁중이었으므로, 빌헬름은 가장 가까운 곳에 살고 있는 사람들의 교육을 관찰하고자 가족들과 함께 스위스를 경유하여 1797년 11월부터 1801년 여름까지 4년간 파리 생제르맹 지역에 머무른다. 1797년 11월 그의 가족이 8년 만에 다시 찾은 혁명의 수도 파리는 많이 변해 있었다. 그는 파리에서 정치변화를 주의 깊게 관찰하고 메모한다. 비교인류학적 관점에서 인간을 원거리 관점과 근거리 관점으로 분석한 작업은 그의 사람 보는 안목과 사람이 변화하는 과정을 관찰하는 데 중요한 자료가 된다. 그의 연구는 민족학자의 작업과 비교할만했는데 프랑스인들 속에서 체험하며 관찰하고 경험하고 읽고 생각한 것을 일기로 기록하였다. 사람들의 특징을 살피고, 신문에서 중요한 내용을 스크랩하며 연극공연과 예술전시회의 비평을 수집한 결과, 1799년 첫 번째 출판물인 일기장의 메모가 만들어졌다. 그것은 방대한 현장연구에서 채취된 원자료였다. 그는 특징적인 것을 중점적으로 관찰하며, 프랑스인들의 전형적인 인상, 외관을 스케치한다. 그러나 그의 비교인류학적 작업은 완성되지 못한다. 프랑스인들의 특징을 연구하다 독일인의 특징에 관심을 가지게 되었기 때문이다. 빌헬름은 카로리네와 함께 곧 프랑스 사교계에 진출하였고 당시를 대표하는 많은 예술가, 정치가와 교류한다. 파리 사교계의 친분과 경험은, 후일 외교관으로서 프로이센 관직을 수행하는 데 많은 도움을 준다.

1801년 8월 빌헬름은 여행으로 인한 재정적 위기를 극복하고자 외교관으로 복직하여 로마로 간다. 괴테는 그리스와 더불어 서양문화의 원류인 르네상스의 중심지 로마를 동경하는데, 빌헬름 역시 그 시대의 모범을 고대 로마시대에서 찾고자 하였다. 1802년 5월 비밀 외교부고문관이자 프로이센 정부 파견 외교관으로 6년간 로마에 머무른다. 당시 빌헬름의 집은 예술가와 문인들의 사교의 중심지였으며, 그는 공적업무를 수행하는 동시에 쉴러, 괴테와 활발히 서신교류하며 문학적 지식 활동을 이어간다. 이 시기에 빌헬름은 칸트의 영향으로 인류학에 관심을 두고 그리스어에 몰두하며, 그리스어가 그리스적 특성을 어디까지 나타내는지 혹은 그리스적 특성이 그리스어에 어떤 영향을 주는지를 설명하고자 하였으나 완성하지 못한다.

1803년 8월 빌헬름은 큰 아들을 잃고 두 딸과 함께 로마에 남는데, 이때 카로리네는 바이마르에 있는 쉴러를 방문한다. 당시 빌헬름과 카로리네는 결혼 생활에 충실하면서도 애정 생활에 대해서는 각자의 개성과 취향을 존중하였다. 빌헬름은 개성과 보편성의 관점에서 이러한 애정관을 존중하고 그녀와 동등한 입장에서 결혼관계 및 애정관계를 유지한다. 빌헬름은 1805년 5월 쉴러의 부고를 들을 때까지 돈독한 우정관계를 유지하였고 언어 연구전까지 괴테에게 창작과, 철학, 정치이론, 인류학, 미학에 대한 저작들을 헌정한다. 1802년에서 1808년까지 빌헬름은 로마에서 프로이센 전권대사로 활동하는데, 이 시기에 지역연구를 통해 고고학에 대한 견문을 넓힌다. 1805년에서 1806년 빌헬름은 언어를 자의적 기호로서 간주하는 아리스토텔레스적 전통 언어관을 비평하는데, 사고와 음의 밀접한 상관성을 강조하는 반기호학적 비평이 훔볼트의 「이탈리아와 그리스」에서 나타난다. 그가 세계의 언어들에 집중하면 할수록 언어로 사고하기와 언어의 다양성에서 나타나는 의미론적 깊이를 인식하게 된다. 언어를 단순한 자의적 기호로 보는 것을 탈피하기 위한 빌헬름의 노력으로 아리스토텔레스 시대부터 지배적이었던 유럽의 전통 언어관이 새롭게 변화하기 시작한다.

나폴레옹 전쟁을 계기로 시작된 프로이센 정부의 개혁에 힘입어 빌헬름은 1809/1810년 프로이센의 교육부를 책임지게 되고 그의 교육개혁 노력으로 베를린 대학이 설립된다. 빌헬름은 빈, 파리, 프랑크푸르트, 런던에서 국제 외교업무를 수행하지만, 그가 인정받고 그의 명성이 높을수록 정치적 대립관계

에 있는 세력들로부터 견제를 받게 되어 1819년 말 모든 공직
에서 물러나 테겔로 돌아온다. 그는 테겔성을 고전적으로 개
조하고 1835년 4월 삶을 마칠 때까지 비교언어학 연구에만 집
중한다. 빌헬름의 면직은 "칼스바트 결의"[15]에 대한 제제였고
정치적 자유화에 대한 희망이 사라지는 결과를 초래한다. 따
라서 프로이센의 정치적 자유에 대한 열망은 훔볼트의 면직과
함께 끝났다고 할 수 있다. 빌헬름은 정치적 이유로 좌절을 경
험하지만, 포기하거나 주저앉지 않고 정치적 활동으로 미루었
던 언어와 인간에 대한 연구를 53세의 나이에 본격적으로 시
작한다. 그의 첫 프로젝트는 바스크족 언어연구로 이를 통해
그는 문화적·언어학적으로 다양한 유럽을 경험한다. 특히 인
류학에 관심이 많았던 그는 다양한 언어에서 문화의 차이에
따른 개성과 다양성을 발견하며, 인간의 심성은 서로 다르지
만 한 민족을 구성하는 공통된 심성이 있다는 점을 발견한다.
바스크족 언어와 아메리카 언어는 프로이센 전권대사로 있는
동안에도 연구대상이었으나 외교관으로서 정치적 의무를 수행
하느라 언어학에 전념하지 못한다. 1820년 베를린 아카데미
강연에서 빌헬름은 불어로 된 미완성원고를 독일어로 번역하
여 『비교언어학 연구에 대하여』라는 주제로 강연한다. 1826년
알렉산더가 아메리카 여행에서 가지고 온 언어자료를 바탕으

---

[15] Die Karlsbader Beschlüsse. 1819년 극작가 암살사건을 계기로 급진주의자들의 취업제한, 학
생회 해산, 출판 검열 등 빈 체제 반대 음모에 대한 탄압이 주요 결의내용이다.

로 멕시코어 문법과 멕시코어 사전을 완성한다. 아메리카 부족들은 그의 언어연구에 폭넓은 자료를 제공하였지만 아메리카 부족언어에 대한 연구는 미개한 나라들의 언어라는 이유로 인정받지 못한다. 그는 언어연구를 통해 세계사의 바탕이 되는 사고와 인류의 감각을 배울 수 있으며 이 언어들이 인간과 문화의 발전 단계를 반영하기 때문에, 언어연구에서 그 어떤 자료도 부족해서는 안 된다고 강조한다.

1826년 훔볼트는 헤겔과 함께 「학문적 비평 연대기」 작업에 참여하고 비교언어학 연구에 몰두한다. 그는 청년기에 이미 그리스어, 라틴어, 프랑스어를 배웠고 외교관 활동을 위해 당시 세계어인 스페인어, 영어, 이탈리아어를 배우며, 이후 그리스어, 바스크족어, 프로방스어, 리타우엔어, 헝가리어, 체코어, 인디오 언어, 아시아 언어를 습득하고 산스크리트어를 유창하게 구사하였다. 1799년부터 관심을 두고 연구한 결과물로는 1820년 「다양한 시대 언어발전의 관계에 대한 비교언어학 연구(1820)」, 「바스크족 언어를 사용하는 스페인 토착민에 대한 연구(1821)」, 「아이디어 발전을 위한 문법적 형태의 생성과 영향(1822)」 외 다수의 작품이 있다. 그의 마지막 작품은 1827년에 시작한 「자바섬의 카비언어」에 대한 것으로 빌헬름이 죽기 직전까지 연구하였으나 직접 완성하지는 못하였다.

빌헬름은 이 자료들을 바탕으로 언어연구에 한 획을 그으려고 노력했으나 바스크족 언어연구가 미완성으로 끝난 것처럼 아메리카 언어연구도 결과물로 완성되지 못한다. 그의 언어에 대한 관심과 언어연구에 대한 열정은 그 누구보다 뒤지지 않았으나, 공직에 있으면서 교육개혁가로서 베를린 대학과 고고학 연구기관을 설립해야 하였고, 1820년까지 프로이센 전권대사로 활동해야 했기에 지속적으로 언어연구에 매진할 수 없었다. 그러나 그는 공직활동에서 자유로워지자 산스크리트 문법, 이집트어, 중국어문자에 심취하였으며 독일 이집트학을 창립하기도 한다. 1799년 그리스어에서 시작된 그의 언어에 대한 사랑과 연구열정은 1835년 그가 사망할 때까지 계속했던 「자바섬의 카비언어」 연구로 알 수 있다. 빌헬름 생존시 저술활동은 알렉산더와 비교할 때 다소 미약하다 : 미학적 문학 연구인 괴테의 「헤르만과 도르테아에 대하여」, 「아가멤논 번역(1816)」, 역사-언어학 연구인 「바스크족 언어를 사용하는 원시 스페인들에 대한 조사연구(1821)」 등이 있다. 이 밖에 아카데미 연설문인 「역사서술의 과제에 대하여(1821)」가 있는데 이는 역사방법론 서술의 기본텍스트로 평가받고 있다. 자바섬의 카비언어에 대한 연구는 사후에 최종적으로 완성된다. 빌헬름의 대표작품인 「인간 언어구조의 다양성과 인류의 정신적 발전에 끼친 영향」은 1836년 그의 사후에 세상에 소개된다. 그의 대표적 정치관련 저술인 「국가 활동의 한계 규정 시도를 위한 생각들」은 1792년에 완성되었으나 1851년에서야 인쇄되고 그의 자필 유작들은 「모음 문서집 Gesammelte Schriften(1903-1936)」

으로 출판된다. 그는 「카비언어(1836)」로 비교언어학 연구라는 새로운 학문분야를 소개했다는 점에서 알렉산더와 더불어 계몽주의 시대의 업적을 남긴 위대한 인물이라고 할 수 있다. 그는 「자바섬 카비언어에 대하여(1836-1839)」에서 텍스트에 나타나는 다양성의 관점에서 발전된 범주를 통해 언어학을 규정하는데, 여기서 다양성은 아메리카 비교언어학 연구를 위한 이론적인 전제 작업이었을 뿐 아니라, 카비언어 연구에서 다루어질 주제에 대한 이론적 근거를 제공하였다.

빌헬름은 1829년 3월 카로리네가 운명을 달리하기 전까지 3,000통 이상의 편지를 주고받으며 서로의 멘토로서 대화를 이어간다. 그가 외교관으로서 정치인으로서 성공할 수 있었던 것은 그녀의 타고난 친화력과 대인관계를 통한 지원, 평생 모든 문제를 의논할 수 있었던 현명하고 사교적인 아내이자 인생의 멘토였던 그녀가 있었기 때문이다. 빌헬름은 카로리네가 죽고 난 후 외로움과 고독으로 갑자기 쇠약해진다. 쉴러에 이어 멘토와 같은 정신적 동반자를 잃은 슬픔과 충격으로 삶의 의미를 상실한 채 1829년부터 파킨슨병을 앓게 된다. 매일 그녀의 묘를 방문하여 돌보다 폐렴에 걸려 사망할 때까지 정신훈련을 위한 자기분석적 소네트를 작성한다.[16] 1830년 빌헬름은 쉰켈이 만든 고대 박물관의 전시를 훌륭히 완성한 공로로

---

[16] Fröhling/Reuss, 1999, 143쪽.

프리드리히 빌헬름 3세 프로이센 왕으로부터 검은 독수리 훈장을 받는다. 이후 그는 다시 국가 추밀원 고문관으로 봉사하나 1835년 4월 8일 괴테 사후 3년 뒤, 빌헬름 폰 훔볼트는 67세의 나이로 알렉산더가 지켜보는 자리에서 운명한다.

2. 교육개혁

인간교육과 공교육

홈볼트에게 인간교육이란 개별적 인간 스스로에 의해 성취되는 것, 개성을 점진적으로 드러내는 것이라 할 수 있다. 우연한 개별성에서 벗어나 자신의 고유함을 드러내는 일로 자유로운 개성의 발현을 추구하는 것이다. 이것을 "교양, 또는 도야 Bildung"라 할 수 있다. 자아완성이라고 정의할 수 있는 교양은 문학에서 사용되는 개념인데 교육학에서는 이를 도야라는 개념으로 사용한다. 빌헬름은 인간교육의 개념인 "교양 Bildung"에 대해 이론적 체계를 완성했다기보다는 인간교육과 관련된 여러 글, 예컨대 「인간교육론」, 「인류의 정신에 대하여」, 「국가활동의 한계규정 시도를 위한 생각들」 등에서 자신의 교육론을 기술하고 있다. 그러나 상당히 철학적이며 단편적인 글에서 그의 교양개념을 이해하기는 쉽지 않다. 따라서 그의 인간교육의 핵심개념인 교양을 쉴러의 「인간의 미적 교육에 대하여」와 괴테의 「빌헬름 마이스터의 수업시대」 그리고 「빌헬름 마이스터의 편력시대」에서 살펴보는 것이 이해를 위해 도움이 될 것이다.

쉴러가 1795년 「호렌 Die Horen(계절의 여신)」에 게재한 글, 「인간의 미적 교육에 대하여」는 자신의 후원자였던 덴마크의 황태자에게 연구성과로 전달한 내용이다. 총 27개의 편지로 구성된 이 글은 계몽주의라는 시대적 배경을 갖고 있다. 칸트가

정의한대로 인간이 스스로에게 부과한 미성년으로부터의 탈출을 의미하는 계몽주의 시대는 "앙샹레짐"이라는 구체제와 종교적 권위에 대한 도전으로 시작된다.[17] 18세기로 접어들어 인간은 사회정치적 불평등과 종교적 도그마로부터 벗어나 스스로 천부적 권리를 의식하는 주체적 존재가 되고자 한다. 사회의 부조리와 모순에 대한 항거가 시작된 것이다. 계몽주의라는 시대정신은 마침내 1789년 불란서 대혁명에서 정점을 이룬다. 그러나 혁명의 이데올로기에 열광했던 지식인들은 혁명이 결코 자신들이 기대했던 사회적 부조리와 모순이 해결되는 결과로 이어지지 못함을 확인하게 된다. 특히 프랑스와는 달리 수많은 지역으로 분할되어 제후들에 의해 지배되던 독일의 지식인들은 혁명이라는 사회개혁 수단에 회의를 갖게 된다. 쉴러는 이 시기에 「인간의 미적 교육에 대하여」를 집필한다. 글 앞부분에서 쉴러는 시대의 주된 관심이 정치사회적 문제에 집중되고 있는 이때 자신이 예술의 문제에 관심을 갖는 이유를 설명한다. 즉 자신의 시대는 오히려 아름다운 예술작품에 몰두할 것을, 그리고 미적 교육을 통해서만 진정한 정치적 자유를 획득할 수 있다고 말한다. 이것은 쉴러나 괴테가 공감하는 제3의 길, 즉 미적 교육의 길을 통해서만이 진정한 사회의 개혁이 가능하며 이때 개체와 전체의 대립과 갈등이 해결될 수

---

[17] 불어에서 유래한 "앙샹레짐 Ancien regime"은 프랑스 혁명 전의 절대왕정 체제를 의미한다.

있다는 두 시인의 확신에서 비롯된 것이다.

서양의 모범이라 할 수 있는 희랍시대에 개인은 전체를 대표할 수 있는 존재였으며, 양자는 대립이 아닌 유기적 관계를 유지하고 있다. 이러한 희랍의 모범은 유용성이 시대의 가치가 된 18세기 이후 서구인의 이상이 된다. 개인의 완성이란 전체, 즉 사회와 조화로운 관계를 가능하게 하는 첫째 조건이다. 즉 개인이 어떤 존재이어야 올바른 사회적 존재가 될 수 있느냐 하는 문제인 것이다. 쉴러는 우선 인간 존재에 대한 분석을 통해 인간을 이원론적 존재로 이해한다. 쉴러에 따르면 인간은 두 가지 충동을 갖고 있는데 하나는 소재충동이고 다른 하나는 형식충동이다. 소재충동은 감각적이며, 본성적인 충동으로 삶을 영위하기 위한 현실적 요구라 할 수 있다. 이와는 달리 형식충동은 형이상학적이고 정신적인 존재로서의 성향이다. 이론과 실제, 의지와 의무, 본성과 도덕 등으로 이해할 수 있는 두 성향의 대립은 인간존재의 필연적 조건이다. 개인이면서 동시에 사회적 존재이어야 하는 개별인간에게 두 충동의 대립은 어떻게 극복될 수 있는가? 쉴러는 이에 대한 해결가능성으로 제3의 충동인 유희충동을 제시한다. 호모루덴스란 놀이하는 존재로서의 인간을 규정하는 개념인데 쉴러의 유희충동은 놀이하는 인간의 기본조건이다. 쉴러는 나아가 "인간은 미와 더불어 오직 놀이해야 한다, 또는 인간은 단지 미와 더불어 놀이해야 한다"고 말한다.[18] 놀이하는 존재, 유희하는 존재

로서 인간은 미, 아름다움과 함께 해야 하는데 그렇다면 아름
다움이란 무엇인가? 쉴러에게 있어 미란 인류의 필연적 조건
인데 개별인간은 인류라는 개념으로 자신을 고양시켜야 한다.
이를 위해 개별인간은 개인적이고 변화하는 삶 속에서 '절대
적이고 지속적인 것'을 발견해내고, 모든 우연적 한계를 떨쳐
버림으로서 실존의 필연적 조건을 자기 것으로 해야 한다는
것이다. 다시 말해 자신의 삶에서 나타나는 문제를 개인적인
것과 보편적인 것으로 구분하여 보편적 원칙을 인식해야 한다
는 것이다. 예술을 통해 드러나는 아름다움과 유희할 때 인간
은 시공에 구속되지 않는 절대적인 것과 지속적인 것을 경험
하게 된다. 이 미적 경험은 인간으로 하여금 삶의 법칙성에 눈
뜨게 하고 사회적 존재로서 올바른 태도를 갖게 하는데 그 어
떤 것보다 효과적이다. 개념, 논리, 도덕을 통한 삶의 가치와
법칙성에 대한 인식은 예술적 경험을 통해 우리에게 다가오는
인식에는 미치지 못한다. 왜냐하면 우리의 삶과 이 세계의 비
밀스러움은 오직 예술을 통해 조금씩 드러나기 때문이다. 미
적 교육을 통한 인간의 완성은 이원적 존재로서의 인간을 조
화로 이끌며 개체의 완성을 넘어 사회의 구성원으로서 올바른
태도를 가능하게 한다. 왜냐하면 그는 인간과 세계인식에 도
달한 존재이기 때문이다. 빌헬름 역시 쉴러의 미적교육, 예술

---

[18] Schiller, Über die ästhetische Erziehung des Menschen 1795.

을 통한 인간교육에 전적으로 동의한다. 「인류의 정신에 대하여」에서 빌헬름은 우리자신의 내면과 세계로 향하는 심원한 시선을 열어주는 진정한 시인을 칭송한다. 그렇다면 예술은 인간에게 존재와 세계에 대한 지평을 확장하는 기능을 해야 하며, 존재와 세계인식에 눈뜬 인간은 비로소 교양된 인간이 될 수 있다. 앞서 살펴본 대로 개체와 전체, 의지와 당위가 대립할 때 예술경험은 우리의 유희충동을 일깨우고 놀이하는 인간, 유희하는 인간은 이 이원성의 대립에서 자유로워진다. 다시 말해 존재에 대한 인식과 세계인식은 우리로 하여금 우리의 본성이 거부하는 사회적 요구를 자발적으로 겸손하게 받아들이는 성숙한 인간이 되게 한다. 이런 인간성의 완성을 빌헬름은 "타락하지 않은 감각에는 의무가 명명백백한 것으로, 괴팍한 감각에는 의무가 몰취미하고 우스운 것으로 여겨진다는 사실"로 지적하고 있다.

좀 더 논의를 진전시켜보자. 과연 개인과 사회, 개체와 전체, 본성과 당위가 실제로 조화로운 관계를 이루어 내는 것이 가능한가? "괴테시대의 정신"으로 유명한 코르프는 이 시대의 가장 중요한 목표로 '인본주의적 이상'을 제시하면서 이 이상의 발전단계를 본성적-도덕적-미적 이상의 단계로 설명한다. 아름다운 인본주의적 이상의 단계는 미적 교육의 단계를 전제로 가능한데 이 주제가 핵심이 되는 괴테의 두 작품을 검토해 보자. 쉴러와 더불어 독일고전주의 문학의 완성자인 괴테는 우리에게 「젊은 베르테르의 슬픔」과 「파우스트」로 기억되는 작가이다. 일반 독자들에게는 제법 낯선 작품이겠으나 괴테문학에서 중요한 위치를 차지하는 두 편의 장편소설이 「빌헬름 마이스터의 수업시대」와 「빌헬름 마이스터의 편력시대」이다. 질풍노도시기를 지나 이태리 여행 후 완성된 「수업시대」는 독일 문학사에서 매우 중요한 작품으로 평가된다. 우선 이 소설이 고전주의라는 사조를 대표하는 작품이라는 점과 독일 장편소설의 시작이라 할 수 있기 때문이다. 그런데 소설이라는 장르의 복권으로 평가되는 이 작품은 "교양소설"이라는 특별한 명칭을 갖고 있다. 프랑스나 기타 다른 나라의 소설과 달리 괴테의 이 작품으로 시작된 독일소설의 전통은 "교양소설"의 전통이라 할 수 있다. 이 독일적인 특별한 전통은 이후 20세기 유명한 소설작가인 토마스 만의 「마의 산」으로 계승되는데, 따라서 18세기 이후 독일 소설은 괴테에서 시작된 "교양소설"의 전통을 상당부분 이어받고 있다고 할 수 있다.

"교양소설"이란 한 문제적 인간이 자신의 문제를 해결해 가는 과정을 그린 작품인데 이때 가장 중요한 것은 주인공이 어떤 과정을 거쳐 자아를 완성해 나가는가 하는 데 있다. 1795년 발표된 「빌헬름 마이스터의 수업시대」는 주인공 빌헬름이 자아완성의 수업을 받는 과정을 그린 작품이다. 부유한 상인계급의 후예로 태어난 빌헬름은 상인의 길을 거부한 채 어린 시절부터 자신을 매혹시킨 연극의 길을 걷는다. 수많은 인물과 만나 다양한 경험을 하는 그는 특히 연극세계에 몰두한다. 자신의 존재를 상인이라는 직업세계에 제한하는 것을 거부하고 직업의 세계에서는 허락되지 않는 다양한 삶의 경험을 예술의 세계에서 경험하려는 삶의 길을 택한다. 여배우와의 첫사랑, 유랑극단 생활, 그리고 마침내 세익스피어의 연극세계에 이른다. 물론 이 과정에서 또 다른 중요한 경험은 시민계급의 주인공이 귀족계급의 여성과 만남을 갖게된다든지, 꿈과 동경이라는 낭만성을 특징으로 하는 인물들과 교류하는 것 등이다. 이런 과정을 마친 주인공은 마침내 자신의 수업시대가 끝났다는 통보를 받고 계몽된 인물들의 집단인 "탑의 모임"에 들어가게 된다. 이 모임의 구성원들은 시대의 문제를 해결하려는, 다시 말해 사회적 책임을 실천하고자 하는 인물들이다. 이 소설의 가장 중요한 주제는 주인공이 연극적 삶을 통해 수업시대를 마치는, 즉 교양 또는 자아완성에 도달한다는 점이며, 이때 연극이라는 예술은 미적 교육의 기능을 한다는 것이다. 빌헬름은 「국가 활동의 한계 규정 시도를 위한 생각들」에서 개혁을 실현할 수단으로서도 역시 진보된 교양이 더 적합하다고 지적한다. 이때 진보된 교양이란 존재와 세계인식에 눈뜬 단계를 의미하는데 쉴러가 미적 교육에서 지적한 것과 괴테의 이 소설에서 주인공이 도달한 상태를 이른다 할 수 있다. 따라서 자존감과 시민권에 대한 의식으로 충만해 스스로 족쇄를 끊어버리고 바라보는 것이 아름답고 영혼을 고양하는 일이라면, "스스로 국민의 족쇄를 풀고 자유를 보장하며 이것을 자신의 자아의 결과가 아니라 자신의 일차적이고 필수불가결한 의무의 이행으로 이해하는 군주의 모습은 훨씬 더 아름답고 장엄하다"는 빌헬름의 말은 국가의 구성원과 지배자의 올바른 태도를 규정하는 것으로 이해할 수 있다. 다시 말해 교양에 이르고자 하는 사회구성원의 노력과 이를 위한 자유를 보장하는 군주의 태도가 동시에 요구된다는 것이다. 그런데 여기서 중요한 문제가 제기될 수 있다. 그것은 다름 아닌 사회적 삶을 영위해야 하는 개인이 교양에 도달한 이후 어떤 방식으로 사회적 책임을 다할 수 있느냐 하는 문제이다. 한 개인이 사회, 나아가 인류를 대표하고 구성하는 역할이 또한 중요한 것이라면 그는 필연적으로 다양성의 경험으로 완성된 교양인에서 또 다시 개인으로서 자신의 존재 당위성을 확인할 사회적 위치를 드러내 보여야 한다는 말이다. 즉 유기체로서의 사회의 한 구성원의 기능을 가져야 한다는 것이다. 이때 사회 구성원으로 갖추어야 할 기능, 즉 특정한 직업을 위한 교육이 요구된다 할 수 있다. 「수업시대」 후속편으로 해석 가능한 「편력시대」는 바로 이러한 문제에 대한 괴테의 답이라 할 수 있다. 괴테는 이태리 여행에서 다가오는 시대에 대한 인식을 표명한다. 미의 시대는 지나갔고 기술의 시대가 도래하고 있으며 따라서 특정분야에 대한 교육은 필연적임을 언급한다. 이 말은 교양과 예술지상주의적 태도만으로 다가오는 시대에 사회의 구성원으로서의 책임을 다할 수 없다는 해석이다. 따라서 다가오는 시대에 필요한 것은 교양보다는 교육임을 강조한다. 「편력시대」에서 주인공은 아들 펠릭스를 교육주에 맡긴다. 자신은 교양에 도달하는 긴 과정을 살아왔으나 그의 아들에게는 우회로를 거쳐야 하는 교양의 과정보다 제도화 된 교육이 필요함을 암시한다. 또한 자신은 외과의사로서의 길을 간다. 이 작품은 「수업시대」와는 전혀 다른 괴테의 시대인식을 보이고 있다. 즉 교양보다는 교육의 필요성과 사회구성원으로서의 책임을 다할 수 있는 직업에 대한 요구가 강조되고 있는 것이다. 먼저 아들 펠릭스의 교육문제를 살펴보자. 주인공은 아들교육을 위해 도착한 "교육주"에서 교육생들의 진기한 태도에 놀라게 되는데 이들의 교육방식을 설명하는 인물은 뜻밖에도 경외심에 대해 언급한다. 우리 인간에게 경외심은 태어날 때부터 갖고 있지 않은 것으로 교육생들에게 경외심을 교육하는 것은 중요하다고 말한다. 이 경외심은 세 가지로 분류된다. 우리 위에 있는 어떤 것에 대한 경외심은 우리로 하여금 그런 존재가 될 실현 가능성에 주목하게 하며, 우리보다 아래의 것에 대한 경외심은 삶의 고통과 어두운 면을 인내하고 극복할 가능성을, 우리와 동등한 것에 대한 경외심은 그들과 연대하여 공동체를 만들어갈 동기를 부여한다. 이 세 가지 경외심에 대한 교육은 「수업시대」에서 주인공이 겪는 교양의 과정과 같은 의미를 갖는다. 즉 새로운 시대에 개인의 교양의 완성 대신 제도적 교육을 통한 인간완성이 필요하다는 점을 괴테는 지적하고 있다. 오류와 방황 그리고 우회로를 거쳐 이르게 되는 교양의 완성 대신 기술의 시대에 필요한 인간완성은 제도적 교육을 통해 가능하다는 의미이다. 빌헬름의 "인간의 감수성에 더 높은 존재에 대한 때론 섬뜩하고 때론 기쁜 예감을 불어넣고 인간을 기도와 감사로 이끈다"는 말은 경외심을 훈련하고 자기 것으로 할 때 올바른 태도의 인간이 될 수 있다는 말과 상통한다. 세계와 인간 존재의 법칙성에 경탄하며 겸손함과 감사의 마음을 갖는 인간이 하나의 모범으로 제시된다. 이러한 인간은 공리주의라는 시대적 요구에 매몰되지 않는다. 또한 결과만을 염두에 두고 활동자체를 수단으로 간주할 때 그것이 유익하지 않고 해롭다는 것을 규칙으로 받아들인다. 공적인 교육은 개인의 다양성을 침해할 수밖에 없다는 문제를 빌헬름 또한 인정한다. 그러나 만일 공교육이 개인의 교양과 인간성의 완성을 전제한다면 "인간의 지위와 국민의 지위가 가능한 많이 일치되는 결과에 이를 것이다."라고 말한다.[19] 개인의 다양한 성향을 계발하고 이를 통해 교양의 완성, 인간성의 완성에 도달하는 것은 개인의 완성이며 이 개인의 완성이 또 다른 공교육을 통해 그 개인의 개성이 실현되는 직업으로 구체화될 때 사회를 구성하는 개개인의 개별성은 사회적 다양성을 이루어 낼

---

[19] Wilhelm von Humboldt. I. 234-240쪽.

수 있을 것이다.

독일 학제개혁

1806년과 1807년 독일 예나와 아우어스테트에서 있었던 나폴레옹 시민군과의 전투에서 프로이센이 패한 것이 독일 교육개혁의 배경이다. 프로이센은 1807년 틸시트 평화협정에서 엘베강 유역과 프로이센 영토의 반을 내주는 참패를 겪는다. 이러한 정치적 상황은 국가의 재정비를 요구하기에 이른다. 프로이센은 다시 독립성을 회복하기 위하여 근본적인 혁신이 필요했고, 프로이센 왕은 패전으로 잃어버린 영토와 자존심을 교육개혁을 통해 되찾을 수 있도록 요구한다. 이러한 시대적 배경에서 빌헬름 폰 훔볼트가 교육개혁의 담당자가 된다. 그는 프랑스군의 진격으로 프로이센 임시정부가 있는 쾨닉스베르크에 머무르면서 교육개혁안을 구상한다. 기존의 신분에 따른 차별교육을 모든 인간이 교육 받을 수 있고 각자의 인성을 계속 발전시킬 수 있는 인간중심의 교육으로 전환시키는 것을 교육의 최상위 목표로 설정한다. 인간은 교육을 통해 자신을 형성하는 힘을 갖게 되고 개성을 만들어간다. 빌헬름은 여기서 사고력을 강조한다. 그는 사고력과 언어를 인간의 특수한 능력으로 간주하고, 인간이 이를 표현하고 연습하고 발전시킬 수 있는 과정으로 교육을 개혁하고자 한다. 프랑스에 패한 프로이센 정부는 귀족중심의 사회에서 벗어나 근대적인 행정시스템의 도입뿐 아니라 국민들이 교육을 통해 국가시민이 될 수 있는 교육개혁을 요구하며, 이를 통해 시민의 책임감을 직접 일깨우고자 하였다. 이 개혁조치는 농업제도, 관료제도, 군대, 교육분야에 적용되며, 봉건영주와 시민 사이의 종속관계 해체와 인간해방을 목표로 한다. 그러나 귀족들의 반대로 이러한 세습질서에 대한 개혁취지는 무산된다. 군대개혁은 프리드리히 대제 시절의 왕정군 대신 프랑스 국민군을 모범삼아 애국심으로 뭉친 시민군대로 대치됨으로써 1814년 처음으로 병역의무가 도입된다.

프로이센 개혁가인 슈타인 남작은 비록 공교육의 경험은 없었지만 일찌기 교육문제에 관심을 갖고 있던 빌헬름의 교육에 대한 열정을 높이 평가하여 교육개혁 부서의 장으로 적극 추천한다. 1809년 2월 프로이센의 프리드리히 빌헬름 3세는 빌헬름 폰 훔볼트를 추밀원 고문관과 내무부 소속 문화 및 교육부 수장으로 임명한다. 빌헬름이 프로이센 내무부 문화교육부 수장으로 임명된 것은 그가 교육이론가도, 행정전문가도 아니었으며 프로이센 교육제도에 대한 어떠한 경력도 없었기 때문에 상당히 놀라운 일이었다. 그러나 그의 교육에 대한 인문주의적 입장과 사람 보는 안목을 높이 평가하였기에 그는 문화교육부 수장으로서 적절하다는 평가를 받는다. 학제의 실제적 상황에 대한 부족한 지식들은 이 분야의 전문가였던 니코로비우스와 쥐베른 같은 직속 직원들과의 협력을 통해서 보완되었다. 빌헬름은 초등학교 학제를 페스탈로찌 이념 및 방법론에 따라 재정비하고 페스탈로찌의 교육방법론을 도입하기 위해 사랑과 믿음에 기초한 인간교육을 가장 포괄적으로 실천한 스위스의 페스탈로찌에게 직접 교육을 받는다 : 그의 수업은 정신적, 도덕적, 육체적 발전의 통일을 강조하며, 교육과 교양을 통해 발전되어야 하는 세 가지 덕목으로 직관능력, 언어능력, 사고력을 강조한다.

형제가 출생했던 1767-1769년 프로이센의 공교육은 상당히 열악한 상황에 처해 있었다. 절대 왕정시대의 학교는 국가의 권력을 신장하고 신하를 교육하기 위해 존재한다고 해도 과언이 아니었다. 당시의 교육은 암기 위주의 교육이었고 하층 계급에게 교육기회는 전혀 주어지지 않았으며, 도시와 시골의 교육수준도 상당한 차이가 있었다. 프리드리히 빌헬름 1세가 의무교육 제도를 도입했지만 일반 대중을 교육하기에는 학교가 턱없이 부족한 시절이었다. 상당히 열악한 교실환경과 과밀학급, 근무불능의 장교 그리고 실패한 수공업자나 자리를 얻지 못한 목사들과 같은 무능한 교사들이 당시 교육현장의 문제였다. 시골지역에서는 겨우 철자중심의 교육에서 벗어나지 못한 실정이었다. 빌헬름 교육개혁의 취지와 교육개혁의 목표는 직업교육이 아니라 전인교육이며, 인문주의 교육이었다. 근대시민사회가 지금까지 알려지지 않은 직업으로 세분화되는 과정에서 인문주의 교육은 오히려 통합적이어야 하므로, 그는 신분에 관계없이 모든 사람이 교육받을 수 있는 기회를 강조한다. 이러한 취지는 당시 가히 혁명적이라 할 수 있는데, 이는 빌헬름이 신분을 초월한 교육을 강조하였기 때문이다. 그는 국가 교육체제를 초등학교와 신인문주의적 김나지움, 그리고 대학으로 분류한다. 초등학교는 페스탈로찌의 "내적 인성교육을 통해 순수한 인간지혜를 얻을 수 있는 교육" 원칙이 적용될 수 있도록 구상된다. 상급학교인 김나지움과 대학입학 능력시험인 아비투어를 도입하고 베를린 훔볼트 대학의 이념을 세운다. 그가 특히 심혈을 기울인 분야는 상급학교인 김나지움 교육체제로서 창조정신과 조화로운 인간상을 위해 그리스어, 라틴어, 수학, 역사, 자연과학, 독일어와 문학을 학과목으로 제시한다. 고전주의 이상에 영향을 받은 이러한 교육상은 직업중심의 교육을 요구하는 시민 계급으로부터 강력한 반발을 불러일으켰고, 1817년 시민계급은 직업학교를 관철시킨다.

빌헬름은 보편적 인간교육을 목표로 하는 통일적이고 일반적인 교육이 이루어지도록, 보편교육을 직업교육과 분리시키고, 신분에 영향을 받는 학교들은 폐지하며, 빈부격차 극복을 지향하는 학교들을 설립하고자 하였다. 기초교육은 초등학교에서, 학교수업은 김나지움에서, 자율적인 교육은 대학에서 할 수 있도록 학제를 개혁한다. 초등교육은 일반적 기본교육으로 자신의 능력을 바탕으로 연습하고 지식을 습득하여 인성을 배우는 것을 목표로 한다. 초등학교의 목표는 보편교육을 전달하는 것이지 사전적 지식을 전달하는 것은 아니며, 모든 인간이 스스로 결정할 수 있도록 능력을 배양하고 통합적으로 교육되어지는 것을 목표로 한다. 교육개혁 이전의 교과목은 주로 읽기, 쓰기, 셈하기, 외우기가 대부분이었다. 빌헬름은 기존의 교육방법에 모국어의 올바른 습득과, 역사, 자연지식, 지구지식, 종교수업, 체육활동, 그리기, 음악 등을 추가로 요구한다. 그는 생산적이고 통찰력에 바탕을 둔 학습이 가능한 수업방법론을 제시하고, 교사중심의 일방적이고 암기위주의 수업형식을 거부하나, 이러한 이상들을 현실에서 실천하는 것은 쉽지 않았다. 왜냐하면 학교상황은 매우 열악했으며, 교사들 역시 이러한 새로운 방법론에 대한 어떠한 교육도 받지 못한 상태였기 때문이다. 따라서 우선적으로 선행되어야 하는 것이 교사양성이었다.

1800년 전후의 시기에 철학, 문학, 예술분야의 정신적 지도자들은 "보편적 인간교육"을 인간이 추구해야 하는 가장 높은 삶의 목표로 제시한다. 빌헬름은 김나지움의 교육을 특별히 이러한 이상에 맞게 계획한다. 교육개혁 전 프로이센에는 가난한 도시학교에서부터 라틴어학교와 교사학교, 학술원 김나지움까지 많은 다양한 학교형태들이 있었다. 학교들은 어떠한 공통된 목표도 없었을 뿐 아니라 공통된 교육안도 없었다. 이러한 비통일성을 개혁하고자 그는 상급 교육과정을 김나지움으로 통일한다. 초등학교에서 인간교육에 필요한 기본적인 것을 익히고 상급학교인 김나지움에서는 자율적 분위기에서 보다 전문적인 학교교육을 받으려는 학생들만을 위한 교육을 제안한다. 김나지움 수업의 주목표는 교양인을 목표로 한 인성교육이다. 수업은 보편성을 지향해야 하며, 특정 계급이나 직업적인 관심사에 영향을 받지 않아야 한다. 이러한 높은 교육수준을 위하여 김나지움 교사들에게 교직지원자를 위한 새로운 시험제도가 도입된다. 김나지움 수업은 자율적이며 완벽한 인격체를 위한 것으로, 이러한 김나지움 교육원칙은 "자기 자신의 이성적 판단을 믿고 따르는 용기를 가져라"는 칸트의 구호와 일맥상통한다. 신체, 정신의 교육을 위한 페스탈로찌 원칙은 김나지움에서도 적용되며, 언어, 수학, 역사 수업이 핵심이지만 언어수업은 모국어와 외국어 수입에 중점을 둔다. 빌헬름은 그리스 문화를 존중하여, 그리스인의 인간교육을 이상적 모범으로 제시한다. 언어는 모든 사고와 창의력의 원천이므로 언어수업에서는 단순한 문법수업이 아닌 언어심리학, 언어철학과 함께, 특히 각 문화에 대한 가능한 포괄적인 지식이 전달될 것을 강조한다. 김나지움 수업과목으로서 수학을 이성교육 및 정신교육에 적합한 방안으로 도입하고, 언어, 수학, 역사와 같은 핵심과목 외에 그리기, 음악, 체육과 같은 수업도 강조한다. 체육은 고대 그리스인의 모범에 따라 육체의 모든 힘과 건강을 위한 조화로운 교육으로, 그리기는 직관능력과 묘사능력을 위하여 필요하다. 음악은 성격형성에 긍정적 영향을 주므로 조화로운 음과 리듬을 바탕으로 최대한 자유롭게 자신의 능력을 발전시키는 데 중점을 둔다. 또한 연령보다는 개인 성향에 따라 학급 편성을 요구했으나 이를 관철시키지 못한다.

개혁 전 학제의 비통일성으로 인해 누가 대학에 갈 수 있는지에 대한 어떠한 규칙조차 없었으므로 무능한 대학생들에게 대학교육의 기회가 주어졌다. 빌헬름은 이러한 문제의 개선안으로 아비투어, 즉 김나지움 졸업시험 제도를 도입한다. 아비투어는 전 과목에 걸쳐 구두시험과 필기시험으로 구성되며 이 시험은 김나지움보다 더 상위의 교육제도인 대학에서의 수학능력을 판단하는 성격을 갖는다. 아비투어 시험결과는 "완전한 능력, 제한된 능력, 무능"으로 평가된다. 상위 두 단계의 성적으로 합격한 자만이 대학에 진학할 수 있는데, 오늘날에도 아비투어시험 성적으로 대학 진학과 전공학과가 결정될 정도로 중요한 역할을 하고 있다. 아비투어와 마찬가지로 학교의 질을 개선하기 위하여 상급 학교 교사지망생을 위한 일관성있는 시험제도 역시 도입된다.

자유와 고독의 대학이념

18세기 후반 "교양교육"이라는 개념은 교육분야에 새로운 패러다임으로 도입된다. 1770년부터 1830년까지 이 개념은 독일 시민계급의 지식인들에게 하나의 이상이 된다. 빌헬름은 15개월 간 교육정치가로 활동하는데 외교관으로 활동하던 빌헬름은 교육개혁의 임무로 인해 상당히 불안하고 난감한 상황에 처한다. 왜냐하면 그는 프랑크푸르트 오더의 비아드리나 대학과 괴팅엔 대학생활의 3학기를 제외하고는 어떠한 공교육을 받은 경험이 없었기 때문이다. 프로이센 왕으로부터 교육개혁을 위한 요청을 받았을 때 거절하나, 1809년 2월 문화교육부 수장으로 임명된다. 그는 시골의 가장 작은 학교부터 대학전반에 이르는 본질적인 교육개혁을 조직하라는 명을 받는다. 그는 먼저 최측근을 활용하여 아이디어를 발전시키고, 비교하고 조정할 수 있는 자신만의 능력을 발휘한다. 그는 교육 이념을 국가의 요구나 직업적인 활용가능성에 두지 않고 인간 고유의 육체적인, 지적인, 도덕적인 능력을 발전시키는 데 집중한다. 1809년 인간의 창조적인 능력을 강화하고 발전시키는 데 초점을 둔 교육계획안을 발표하는데, 이러한 교육이념은 공동 연구와 인간의 지적 활동을 가장 효과적이고 자유롭게 펼칠 수 있는 대학교육에 가장 적합한 것이었다. 1809년 빌헬름은 문화교육부 수장으로 프로이센 교육개혁을 위해 제도적 교육을 위한 프로그램의 원칙들을 도입한다. 그는 인간교육을 위해 철학적으로 사고하고 스스로 발전할 수 있는 자유로운 공간을 제공하고자 하였고, 이러한 자유개념은 1810년 베를린 대학설립의 중심이념이 된다. 빌헬름이 제시한 자유라는 보편적 이념이 어떻게 발전될 수 있었는가? 이는 빌헬름 개인의 삶의 궤적과 무관하지 않다. 어린 시절의 교육환경, 칸트를 독학하면서 얻은 새로운 세계인식, 괴테·쉴러와의 교류를 통해 습득한 인본주의적 이상 등, 자신의 삶의 경험에서 비롯된 결과이다. 대학교육의 목표는 독립적이며 자율적 연구이다. 수공업자, 상인양성을 위한 직업학교들은 이 교육에 포함되지 않는다. 왜냐하면 이러한 직업학교들은 인성교육을 목표로 하지 않기 때문이다. 빌헬름에 있어서 보편가치 중심의 교양교육이 대학교육의 핵심이다.

당시 프로이센 대학으로는 칸트가 재직한 쾨니히스베르크 대학과 프랑크푸르트 오더에 있는 비아드리나 대학이 유일한 대학이었다. 대학의 상태가 얼마나 유감스러운지는 훔볼트 형제가 직접 경험한 바 있다. 프로이센 교육제도의 수장으로서 빌헬름의 목적은 봉건제에 종속되어 있던 국민들이 책임감을 가지고 직접 행동하는 시민으로 교육받는 것이었다. 교육개혁에서 그의 또 다른 큰 업적은 피히테, 쉴라이어마이어, 사비니와 같은 독일의 중요한 학자들을 베를린 대학 설립에 참여시켰다는 것이다. 그는 교육제도 개선을 위해 부서 직원의 의견을 듣는가 하면 피히테, 쉴라이어마이어, 페스탈로찌 같은 전문가들의 자문을 구하였다. 애국심으로 가득찬 철학자 피히테는 연구와 교육의 분리를 강조하였고, 쉴라이어마이어는 정신의 자유를 위한 제도적 안전장치로 대학의 자율을 제안하였다. 두 교수 모두 프로이센만을 위한 대학이 아닌 모든 독일 대학에 적용될 수 있는 보편적인 대학제도를 만들고자 하였다. 피히테는 모든 학생이 독일의 대학을 자유롭게 선택할 권리가 있으며, 프로이센이 먼저 모범적으로 대학을 운영하는 데 앞장서야 한다고 주장했는데, 이러한 관점은 빌헬름의 대학이념과도 일치한다. 그들은 교육과 연구를 통일시키고, 학생들의 인성이 자유롭게 발전되도록, 대학이념이 특정 직업군을 준비하는 것이 되어서도 안 되고 특정 계급의 관심에 의해 정해져서도 안 되며, 특정한 목적지향성에서 자유로워야 한다고 강조한다. 이는 교육이 사회석 요구로부터 자유로울 때 오히려 역설적으로 그 본래적 기능을 할 수 있음을 의미한다. 학문의 진실은 완성된 것을 배분하는 것이 아니라, 교수와 학생의 끊임없는 사고와 상호토론을 통해 가능하다고 보았다. 이러한 그의 입장은 칸트의 영향을 받은 그의 언어철학적 연구에서 유래하는데, 언어를 만들어진 작품으로 보는 "에르곤"이 아니라 정신활동으로 보는 "에네르게이아" 이념과도 일맥상통한다. 자유로운 학문적 의견교환이 가능하고 개인의 능력을 서로 경쟁할 수 있도록 정교수와 학회구성원들이 자유롭게 성적을 평가할 수 있는 제도를 제안하나 수용되지 않는다. 왜냐하면 프로이센 정부가 교수들과 학생들의 상호작용에서 발생할 수 있는 반 정부활동을 우려하고 있었기 때문이다.

빌헬름은 프로이센의 수도에 적합한 대학을 설립하는 데 결정적인 역할을 한 사람이다. 비록 그의 정치적 야망으로 인해 대학설립의 이념과 기초를 다지는 데 일조하고 운영에는 참여하지 못했지만, 그가 이룬 교육개혁의 의지는 칸트의 계몽주의 철학과 관계있다. 그의 다각적인 노력의 결과로 오늘날까지 베를린 대학의 창설자 및 교육개혁가로 명성을 남긴다. 그의 대학개혁에서 주지할 것은 대학을 새로 건립한 것이 아니라, "자유와 고독"이라는 교육이념을 근간으로 대학을 재정립했다는 것이다.[20] 칸트가 주장한 자유는 학문을 위한 핵심개념일 뿐 아니라 세계를 이해하는 핵심개념으로, 철학적 인류학의 열쇠이기도 하다. 칸트의 형이상학적 질문인 "인간이란 무엇인가?"는 비판적 철학정신으로부터 나온 것이다.[21] 빌헬름은 칸트의 도덕원칙에서 대학 자율성을 위한 근간이념을 만들

---

[20] Wilhelm von Humboldt, X, 251-252쪽.

[21] 칸트는 "인간이란 무엇인가?"라는 궁극적인 물음에 답하기 위해, 「순수이성비판」, 「실천이성비판」, 「판단력비판」을 저술한다. 「순수이성비판」에서 "나는 무엇을 알 수 있는가?"에 대한 답을 추구한다. 「실천이성비판」에서는 "나는 무엇을 행해야만 하는가"라는 질문에 정언명령을 제시한다 : "너의 의지의 수칙이 항상 보편적인 법칙 수립의 원리로 타당할 수 있도록, 그렇게 행위하라". 「판단력비판」에서는 "너는 무엇을 원해도 좋은가?"라는 반성적 비판력의 개념으로 설명한다.

어낸다 : "우리 존재의 마지막 과제는 우리가 살고 있는 현실에서, 또 시간을 초월해서 우리가 남기는 활발한 언어활동의 흔적을 통해 가능한 큰 업적을 쌓는다면 나와 세계의 결합을 통한 상호작용에 의해 스스로 해결된다. 이것은 인간의 인식 활동이며 판단의 수단이다. 인간을 필요나 성향이 아닌 이성으로 가르치는 것이 바로 인간교육의 목적이다."[22] 빌헬름은 기존의 수의사학교, 광산학회와 같은 전문 학회가 아닌 보편적인 교육의 이념을 실천하는 대학을 원하였다. 강의자는 동시에 연구자이어야 하는데, 왜냐하면 스스로 끊임없이 연구하는 자만이 학문을 가르칠 수 있다고 믿었기 때문이다. 교수는 더 이상 학생만을 위해 존재하는 것이 아니며 사고교환을 바탕으로 상호 학문발전에 기여해야 한다. 대학에서는 강의자가 연구에만 집중할 수 있도록 자유와 고독이란 조건이 충족되기를 강조한다.[23]

1810년 4월 그는 문화교육부 수장에서 물러나고, 그의 다양한 시도는 결실을 맺지 못한다. 후임으로 온 행정전문가는 교육개혁에 대한 어떠한 지식이나 비전이 없었으므로 이후 빌헬

---

[22] 이 개념은 칸트의 「실천이상비판」에서 출발한다. 인간의 존엄성을 지켜나가는 방법, 사람다움, 사람으로서 품위를 지킬 것을 강조한다. 칸트는 인간이 도덕적이라는 사실은 실천을 통해서만이 나타나며 그때 인간의 품격은 세워진다고 강조한다. 칸트의 도덕적 의무, 즉 "인간을 목적으로 대하고 수단으로 대하지 않는 것이 보편적 법칙이 될 수 있도록 하라"는 도덕적 의무는 빌헬름의 교육이념과도 일맥상통한다고 할 수 있다.

[23] Wilhelm von Humboldt, X, 251쪽.

름의 교육개혁안이 다시 인정받게 된다. 교육개혁에는 두 가지 측면이 고려되어야 했는데, 먼저 신인문주의를 들 수 있다. 신인문주의는 당시 중요한 정신적 운동이었고, 빌헬름은 신인문주의 옹호자였다. 신인문주의는 고대 그리스를 모범으로 하여 다음의 주요 원칙을 제시한다. 첫째, 이성만 교육되어져야 하는 것이 아니라 개인의 성향과 상상력이 함께 발전되어야 한다. 둘째, 각 인간은 개성을 발전시켜야 한다. 셋째, 자연과 인간의 조화로서 사고력의 조화를 강조한다. 교양교육의 핵심은 칸트의 상호작용이라는 관점에서 나와 세계를 연결하는 것이다. 인간은 다른 사람들, 새로운 것, 낯선 것과의 만남에서 스스로를 깨닫는 단계에 도달하며, 세계는 인간에게 영향을 미치고 인간은 사고활동의 결과물을 세계에 내놓는다. 교양교육이 실현되기 위해서는 자유의 개념이 중요하다. 자유롭고 자발적인 사고의 발전에서 문화와 인류가 발전할 수 있기 때문이다.

언어학자였던 봅, 그림형제 역시 빌헬름의 저작들을 자주 인용하지만, 19세기에 빌헬름의 언어학에 대한 평가는 제대로 이루어지지 않았다. 빌헬름은 공인된 고고학 창시 인물에 속하지는 않지만, 고고학계 전문가 및 교수들로부터 높은 명성을 얻고 있다. 훔볼트 형제는 베를린 대학의 교수는 아니었지만, 오늘날까지 베를린 대학을 상징하고 있다. 빌헬름은 베를린 대학을 설립하는 데 공헌하였고 베를린 대학 설립 당시부터 볼프 교수를 초빙하는 등 고고학이 베를린 대학에서 중요한 위상을 차지하도록 기여하였다. 빌헬름의 기대에 부흥하여 볼프는 근대 고고학을 하나의 학문으로 자리매김하였으며, 이런 점으로 미루어 빌헬름은 베를린 대학의 근대 고고학 발전을 이룬 창시자라 할 수 있다.

빌헬름은 유년기부터 항상 수준 높은 철학적 대화환경에서 성장하여, 괴팅엔 대학시절 칸트를 그의 사고의 근간으로 할 만큼 열성적으로 공부하였다. 1792년에서 1795년 볼프와의 고전연구 교류를 통해 미학에 대한 글을 남겨 비교인류학 연구에도 몰두한다. 파리와 스페인 여행을 통한 인류학 연구에서 그의 본질적 연구대상인 언어를 발견하고, 1799년부터 언어연구에 몰두하나 그의 노력에도 불구하고 많은 저술활동은 완성되지 못한다.[24] 1793년 「고고학, 특히 그리스의 고고학에 대하여」는 90년이 지난 1896년에 처음으로 출판된다. 인간에 대한 연구는 한 민족의 통시적 연구를 통해서만 성과를 낼 수 있으며 개별 형태들의 총체성이 대상을 창조적으로 묘사할 수 있다는 것이 빌헬름의 근본 사상이다. 빌헬름은 문화인류학적 관점에서 인간에 대한 연구원칙을 다음의 네 가지로 전제한다 : 첫째, 자료들이 설득력 있어야 하고, 둘째, 연구되는 민족

---

[24] 예를 들어 「자바섬의 카비언어」에 대한 연구에서, 수백 페이지에 달하는 서문만 완성된다. 주요 대표작인 「인간 언어구조의 다양성에 대해서」는 역사적이지도 언어학적이지도, 철학적이지도 않으며 오히려 쉴러의 영향으로 예술적이다. 그러나 이 작품은 언어관련 최고의 걸작으로 칭송받는다.

이 개성과 다양성을 가져야 하며, 셋째, 다양한 형태들이 풍부하게 나타나야 하고, 넷째, 이러한 다양한 형태들이 인간의 특성에 잘 맞아야 한다. 빌헬름은 이 네 가지 조건들이 그리스민족에서 충족된다고 간주한다.

빌헬름이 프로이센 교육개혁에 끼친 영향은 매우 지대하다. 그는 대학을 국가에 종속된 교육기관이 아니라 국민을 위한 경제적으로 독립된 교육기관이어야 함을 강조한다. 그러나 대학의 경제적 독립을 위한 제도의 도입은 베를린 대학 설립시 실현되지 못했다. 이런 점에서 베를린 대학은 결코 빌헬름식 대학이 될 수 없었다. 베를린 대학은 처음부터 프로이센의 국가 대학이었다. 학자양성을 위한 국가 영재교육기관으로 설립되었으나, 연구와 교육의 통합이라는 기본원칙은 부가적으로 실현된다. 빌헬름은 대학에서 교수진들이 고독하지만 자유로운 분위기에서 학문에 기여할 수 있는 연구자이길 희망했으며, 교수진들이 학생들과 학문에 대해 본질적으로 대화할 수 있는 분위기를 조성하고자 노력하였다. 그에게 대학은 학문적인 대화가 가능한 강의를 개최하는 곳이다. 이러한 연구중심의 빌헬름식 대학이념은 19세기, 20세기에 새로운 대학들의 이념이 되었다. 빌헬름의 대화중심 교육이념은 학문이 완성되거나 정해진 지식들의 획득이나 전달이 아니라 사고의 지속적인 활동으로 이해할 수 있다. 이러한 교육에 대한 빌헬름의 이상적인 입장은 인류학과 고고학의 영향이라 할 수 있다. 특히 그리스

시인들과, 바이마르 고전주의의 신그리스주의와, 칸트의 철학적 이상주의 영향이라 할 수 있다. 독일 김나지움이 오늘날까지 성공적일 수 있었던 이유는 이러한 교육이념이, 특히 시민계급의 정치적 무력감을 극복할 수 있는 가능성으로 다가왔기 때문이었다. 빌헬름 교육이념은 19세기 학문과 문화적 부흥기를 가져오는 데 기여하였다. 독일의 평생대학 역시 그의 교육이념이 반영되어 모든 사람이 참여할 수 있는 교양교육 기관이다.

3. 언어

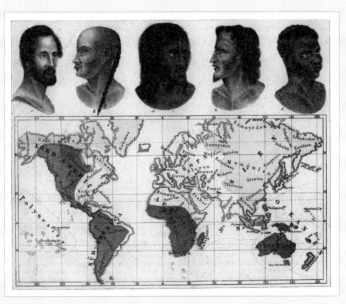

● 인종에 따른 분류. Krätz. Alexander von Humboldt. 2000. 163쪽.

정신활동

빌헬름은 고고학과 문학에서 한 민족의 정신이 깃든 언어의 위대함을 발견한다. 고고학 연구에서 빌헬름의 연구목표는 민족의 특성을 파악하는 것이었고, 그는 언어가 민족의 정신이자 영혼으로, 한 민족의 언어와 정신을 결코 분리해서 생각할 수 없다고 강조한다.[25] 언어의 진정한 본질은 끊임없이 변화하는 것이기에 문자를 통해 보존하는 것이 불완전하다고 전제하며 오히려 생동감있는 말하기를 강조한다. 빌헬름은 언어를 문자화된 고정된 작품 "에르곤 Ergon"이 아닌, 살아있는 말에서 구체화되는 하나의 활동 "에네르게이아 Energeia"이라고 정의한다.[26] 언어는 우리의 사고가 음으로 표현되어 말하기로 나타나는 정신의 활동이며 빌헬름은 본질적인 의미에서 이러한 말하기의 총체를 언어로 간주한다.

빌헬름 언어철학의 핵심개념인 '다양성'은 그리스어, 라틴어, 산스크리트어를 구분하는 개념이다. 그러나 그는 이 언어들의 친족관계나 구조적 동일성에 대해서는 별로 관심을 두지 않았다. 언어는 하나의 결과물인가 또는 과정인가? 그에게 언어는 단순히 사고를 전달하는 도구 이상이다. 언어는 현상과

---

25 Wilhelm von Humboldt, Ⅶ, 42쪽.

26 "Die Sprache ist kein Werk (Ergon), sondern eine Thätigkeit (Energeia)," Wilhelm von Humboldt, Ⅶ, 46쪽.

대상을 성찰하는 정신활동이며, 언어 없이 세계가 있을 수 없고, 사고도 있을 수 없다. 다양한 언어는 다양한 세계상들을 만들어내므로, 언어를 통해 우리는 인간정신을 엿볼 수 있다. 따라서 그에게 비교언어학 연구는 인간정신의 다양한 특징에 대한 연구이기도 하다. 이러한 관점은 빌헬름이 인류학과 고고학 연구에서 언어를 새롭게 발견하였기에 가능했던 관점이다. 그의 비교언어학 연구의 최고봉은 언어의 특징을 표현하려는 시도였다. 그는 각 민족의 언어활동으로 만들어진 문학작품을 통해서만 진정한 언어연구를 할 수 있다고 전제하는데 그에게 언어연구란 그 자체가 바로 정신활동인 "에네르기아"이다. 그는 언어학이라는 개념보다 언어연구라는 표현을 즐겨 사용한다. 그는 전통 언어학이 "죽은 골절구조"와 같은 문법규칙의 구조가 어떻게 생성되었는지, 어떻게 평가할 수 있는지의 문법시스템에만 관심이 있다고 비판한다. 빌헬름은 "언어를 사고를 표현하는 정신의 작업"으로 간주하는데, 이는 빌헬름 언어철학의 정수로 그는 "언어를 사고를 형성하는 수단"으로 정의한다. "정신의 활동"과 "사고를 형성하는 수단"은 언어를 규정하는 빌헬름의 두 가지 핵심어이다. 이 둘은 서로 상반되는 듯하지만 서로를 보충한다. 그는 언어의 활동적인 면 즉, 언어의 생성과정을 강조하기 위해 언어를 정신활동으로 표현하고, 언어를 정체된 고정된 작품으로 보는 것에 반대한다. 그는 문법이나 사전을 "언어-미라"로 명명하는데, 그 이유는 언어를 단어나 규칙들에 의해 만들어지는 작품이 아닌, 사고의 과정으로 간주하기 때문이다.[27] 여기서 빌헬름이 강조하는 것은, 언어가 살아 움직이는 개체의 말하기로서만 의미가 있다는 것이다. 다시 말해 언어로 사고를 표현하고, 전달하며, 사고를 만드는 수단으로 언어의 진정한 의미를 강조한다. 이때 소리와 같은 조음 활동은 사고와 관계하며 언어는 사고를 만드는 수단으로서 전적으로 정신적이고 내적인 지적활동이다.

칸트는 언어를 인류학적 연구대상이 아닌 생각을 표시하는 음으로 본다. 언어는 자신과 다른 사람을 이해하는 최상의 수단으로, "사고란 자기 자신과 말하는 것이며 상상력을 통한 내적 듣기"로 간주된다.[28] 빌헬름은 언어를 통해 인간은 사유할 수 있으며, 사고와 언어활동이 동시에 이루어진다고 강조한다. 그는 한 민족의 정신활동이 언어마다 상이하게 생성된다는 점에서 언어의 다양성을 전제한다. 넓은 의미에서 언어의 다양성은 소리와 표시의 다양성 범주를 초월하기에 세계관 자체의 다양성으로 볼 수 있다.[29] 언어가 단지 상이한 음들에 불과하다면 흥미로운 학문적 대상이 될 수 없다. 이는 언어를 사용하는 인종들에 대한 연구, 즉 인류학과 고고학을 바탕으로 한 빌

---

[27] Wilhelm von Humboldt. VI. 146쪽.

[28] "Denken ist Reden mit sich selbst, folglich sich auch innerlich (durch reproduktive Einbildungskraft) Hören." Kant. 1798. 500쪽.

[29] Trabant. 2012. 175쪽.

헬름 언어연구의 배경이 되며, 그의 통합적 언어연구 방법론을 제시한다. 빌헬름은 민족의 특성을 파악하려는 인류학 연구목표를 갖고 이탈리아어와 그리스어 연구를 시작하는데, 이는 빌헬름의 통합적 언어관찰방식을 잘 보여주는 한 예이다. 그는 그리스어에서 한 민족의 특성을 파악하고자, 그 민족 문화를 다양하게 표현하는 문학, 역사, 시, 철학, 예술, 역사서술 같은 텍스트 중심으로 그리스인들의 특징을 먼저 관찰하고, 고고학 자료를 활용하여, 그리스 언어의 특징을 서술하는 것을 최고의 작업으로 간주한다. 빌헬름은 생동감있는 대화관찰을 바탕으로 한 언어연구를 강조하며, 시문학, 철학, 역사서 같은 한 민족의 정신이 담긴 텍스트 연구를 바탕으로 통합적 관점의 언어연구를 시도한다. 언어에 대한 집중은 인간과 민족의 정신에 대한 연구이기도 하므로 그리스어에서 시작된 비교언어학 연구는 그리스 민족 관찰에서 모든 민족들의 언어로 확대된다. 그는 언어의 다양성을 인류 정신의 다양성으로 기록하고자, 한 민족의 언어가 아닌 모든 민족의 언어를 비교연구 한다. 그에게 그리스어는 '이상적인 것'이며, 그리스인들이 인류를 이상적으로 구현한 것처럼 그리스어의 언어적 특성이 이상적인 방법으로 구현되었다고 믿기에 그리스어를 가장 완성된 언어로 칭송한다.

빌헬름은 인간의 정신적 활동의 원천을 찾는 과정에서 인간의 상상력을 감성과 지성의 통합으로 인식하며, 언어를 감성과 지성을 전달하는 상상력의 영역으로 수용한다.[30] 언어는 인간의 사고이며 인식이다. 빌헬름에게 음을 통한 의사소통이나 역사적 사건은 사고와 불가사의하게 결합되어있다. 언어의 기원에 대한 질문은 칸트에서처럼 시간적 기원에 대한 질문이 아니라 기능에 대한 질문, 즉 사고가 만들어지는 시간으로 소급되며, 언어를 바탕으로 한 사고는 여러 언어에서 다양하게 나타난다. 각 민족의 언어로 공통된 과제를 고민할 수 있지만 각 민족마다 다른 방식으로 해결하므로, 사고가 일정부분 각 언어에 의해 결정된다는 전제하에, 그는 언어와 세계관의 관계를 조심스럽게 표현한다. 언어가 달라도 보편적 과제를 함께 해결할 수 있다. 이는 역사의 한 주제를 한국어를 비롯한 다른 외국어에서 이해할 수 있는 것과 같다. 그럼에도 불구하고 사고는 각 민족의 정신활동을 담당하는 언어와 밀접한 관련이 있으므로, 이 점이 바로 우리가 여러 언어를 습득해야 하는 이유이기도 하다 : "언어의 다양성은 외관이나 기호에 있는 것이 아니라 세계관 자체의 다양성이다." 이것이 그의 언어 연구의 이유이고 최종 목표이다.

　빌헬름의 이러한 견해는 세계화시대에 우리가 왜 인문학을 필요로 하며 또한 다양한 언어를 배워야 하는지에 대한 해답을 두 세기 전에 제시하고 있는 것이라고 해도 과언이 아닐

---

[30] 칸트의 "감성 Sinnlichkeit"과 "Vernunft 지성"의 개념에서 유래한다. 빌헬름에게 이 개념은 남녀문제를 이해하고 해결하는 중요한 개념이기도 하다. Trabant, 2012, 282쪽.

것이다. 언어가 곧 세계관이며, 특히 사고의 역사적 형태이기에, 언어학을 공부하는 수고를 감수할 가치가 있다는 것이다. 그는 세계관이라는 사고의 특정한 형태로 각각의 언어가 인간 정신을 표현하므로 언어는 연구할 가치가 있다고 강조한다. 그에게 언어에서 나타나는 세계관이란 이 세계를 고유한 방식으로, 다시 말해 의미론적으로 정의하는 것을 의미한다. 즉, 언어들은 특정한 인식론적 단위로서 특별한 문장으로 조합되어질 수 있으므로 언어는 세계를 정신적인 단위로 구분한다는 것이다. 그러나 다양한 언어들이 그들의 정신세계를 다양한 방식으로 체계화하며 표현하기 때문에 이러한 내적인 단위들은 문법체계로 구분된다. 언어의 문법 단위를 예로 들면, 각 언어마다 나타나는 문법구조는 유사점도 있지만 각 언어의 특성상 다양하게 나타난다. 문장의 어순을 예를 들면, 한국어 어순과, 영어, 독일어의 어순은 주어나 동사성분을 사용하는 부분은 공통점이 있지만 동사의 위치는 각기 다르게 나타난다. 언어의 의미론적 예는 '친구'라는 단어의 예에서 살펴볼 수 있다. 한국에서 말하는 "친구" 개념과 미국에서 말하는 "친구 friend", 독일에서 "친구 Freund" 개념은 비슷한 의미를 갖고 있으나, 엄밀히 말하면 각 언어가 속한 문화적 배경에 따라 다양한 의미로 해석된다. 정을 중요시하는 한국 문화에서 친구의 개념은 상당히 포괄적으로 사용되고 있다. 물론 조금 아는 사이인 '지인'의 폭 넓은 의미도 친구의 영역으로 표현된다. 반면 독일어에서 친구의 개념은 상당히 엄격히 제한되어 있다. 정말 오랜 기간 허물없이 서로를 잘 알고 신뢰가 형성이 되어야만 "친구 Freund"라고 말할 수 있다. 이러한 예는 '가족'이라는 단어를 통해서도 알 수 있다. 한국에서 가족개념과 독일에서 가족개념, 프랑스에서 가족개념은 동일한 단어로 표시할 수 있지만 각각의 나라에서 '가족'이란 단어로 이해할 수 있는 범위는 문화마다 다르다. 이를 빌헬름 식으로 표현하자면 언어는 정신적 단위로 분류되므로, 각 문화의 정신사적 배경에 따라 그 언어가 내포하고 함의하는 의미도 달라진다는 것이다. 이러한 주장은 가족관계 명칭에서도 알 수 있는데 한국과 유럽의 가족관계 명칭이 얼마나 다양한 지는 '가족'이라는 개념이 나라별로 어떤 정신적 의미를 가지는 것과 관계있다. 이는 특별히 비밀스러운 것도 아니다. 그러나 당시 유럽 정복정책을 통한 바스크족과 아메리카 부족언어와 같은 상이한 언어들에 대한 경험은 언어가 민족별로 다르게 나타날 수 있다는 것을 빌헬름에게 알려준 결정적 계기였다. 또한 단일 언어권 지역에서 나타나는 세계관의 다양성을 보여준 사건이며, 이때 세계관은 각각의 언어들이 그들의 언어 사용자에게 특별한 방식으로 세계를 보여주는 계기를 마련해 주는데, 이때 세계관은 개별언어들의 의미론적이고 문법적인 특징의 앙상블이라 할 수 있다.

세계관에 대한 또 다른 오해는 사고방식에 따른 언어 상대

주의에 기인한다. 대표적인 예로 호피 인디언들이 그들의 문법에 시제 형태소를 갖고 있지 않아 시간 개념을 갖지 못한다는 워프의 이론이 유명하다. 다시 말해 개별 언어들의 의미론이 이 언어를 사용하는 사람들의 사고를 결정한다는 것이다. 즉, 언어사용자는 그 언어가 제공하는 것만을 사고할 수 있다는 것이다. 인간의 사고는 언어로 생각하는 것보다 훨씬 더 다층적이고 포괄적일 수 있기 때문에 논의의 여지가 있다. 빌헬름은 개별언어가 우리의 관념에 특정한 색을 부여한다고 비유한다. 언어의 다양성은 이로 인한 의사소통의 어려움을 야기하지만 동시에 각 민족의 언어는 그들의 고유한 정신적 풍부함을 드러낸다. 왜냐하면 세계의 각 언어는 다른 민족이 발견하지 못한 고유의 것을 발견하여 자신만의 견해를 갖게 하기 때문이다. 모든 언어는 인류 정신의 전체적인 그림을 보여주지만 각각의 언어는 한 민족의 정신활동을 표현한다.

빌헬름은 개체, 민족, 인류에 대해 특별한 관심을 갖는데, 개체들로 구성된 민족, 나아가 인류의 형성이 정신활동의 핵심인 언어와 밀접한 관련이 있기 때문이다. 언어는 인간으로 하여금 정신활동을 가능하게 하며 사고할 수 있게 한다. 각 언어의 개성에 대한 그의 명제는 "언어는 하나의 정신적 개성이다." 그에게 개성은 인간의 성찰과정에서 중심역할을 한다. 빌헬름에게 있어 개성은 언어능력과 관계있기에, 모든 인간은 언어에 대한 동일한 능력을 소유하고 있다는 점에서는 동등하다고 본다. 다시 말해 인간은 모든 사고하는 것을 표현하고 설명하고 전달할 수 있는 능력을 갖고 있으므로, 그는 자신의 정신적인 특성을 언어행위로 더 자세히 규정하려고 노력하는 것이다. 이러한 정신적 언어행위는 개성있는 개체로부터 나오는데, 개체는 각기 고유한 본성을 갖는다는 점에서 서로 구분되지만, 공동체적 연대감은 개체를 결속시키고 동질적으로 만든다. 정신의 총체로 특징 지워진 개체의 다양성을 발견하는 일은 단지 관찰자 관점에서 가능하다. 개성은 고유한 천성을 바탕으로 다양성 속에 존재하고, 고유한 개성은 우리가 다른 것의 상이함과 그 낯설음을 인지하기 시작했을 때만 되살아난다. 개성은 또한 개체의 고유한 본성으로 이루어진 다양성을 만들어 내는데, 이 경우에만 본질적으로 개성이라 할 수 있다. 빌헬름에게 언어는 결코 하나의 개체에만 속하지 않는다. 언어 사용자들은 이러한 능력을 통해 다양하게 말할 수 있고 공통된 개념에서 일반적인 개념을 이해할 수 있는데, 이것이 인간의 정신적·언어적 특성이다. 선천적으로 타고난 언어능력은 개별 인간에 의해서만 발전할 수 있는 것이 아니며 부모와 선생님의 교육과 같은 외적인 안내가 필요하다. 타고난 언어능력을 발전시키기 위해서는 사회적인 상호 소통이 필요하다. 왜냐하면 언어를 가르치고 배우는 것은 정신적인 과정이며, 고유한 사고 및 말하기와 관련된 언어능력의 상호 일깨우기라는 과정으로 이해할 수 있기 때문이다. 이 과정은 우연한 상황에서 임시적으로 개체 사이에 나타나는 과정이 아닌 항상 하나의 개체를 시·공간적으로 구분하는 과정이며, 이러한 이유로 습득된 언어의 결과는 다양성으로 나타난다. 이러한 언어의 생산과 전통은 언어의 복수성과 다양성을 설명한다. 언어적 개성은 민족, 그룹, 지역, 사조의 이해를 위한 일반적 수단으로 이해할 수 있다. 빌헬름은, 언어가 정신적 개성의 산물이므로 살아있는 개체처럼 생성되고 변화하고 번성하고 노화하며, 사라진다고 전제한다. 인간의 언어는 예술적으로 만들어진 모든 것처럼 전통과 습관이라는 역사적 조건에 종속된다. 빌헬름은 한 민족이 사용하는 개별언어의 개성과 정신활동에 대해 인문학적 통섭의 언어관찰을 강조한다.

기호와 상징

빌헬름은 「대륙의 언어와 특별한 관용구에서」라는 글로 비교언어학 연구관련 아카데미 강연을 시작한다. 1820년 첫 번째 아카데미 강연에서 언어를 자의적 기호로 간주하는 전통적 관점을 부정적으로 평가하고 '언어기호'로 명명된 단어들을 의사소통 수단이 아니라 인식론적 도구로 이해한다.[31] 둘째,

---

[31] Wilhelm von Humboldt, VII, 603쪽.

소리와 사고의 관계를 임의적 성격으로 이해하는 것이 아니라, 이 둘은 서로 밀접한 관계에 있다고 전제하는데, 인간은 생각한 것을 개념으로 파악하고 직접 그 개념들을 소리로 발음하기 때문이다.[32] 언어기호는 의사소통 순간에 이성적으로 인식되는데, 또한 의사소통 당사자들 사이에서 나타나는 상호성은 빌헬름 언어관의 본질을 이룬다. 그는 언어를 "사고를 만들어가는 소리이자, 음을 만들어 사고를 표현하는 정신의 활동"으로 전제하고, "언어란 사고를 표현하는 인식의 소리이며, 따라서 본질적으로 언어와 사고는 동시에 생성된다"고 믿는다.[33] 언어와 사고의 관계에서 "언어는 세상의 거울이고 감수성과 감각으로 작용하는 것이며, 따라서 그는 언어를 사고를 형성하는 수단"으로 정의하였다.[34] 이러한 관점은 괴팅엔 대학시절 블루멘바흐 교수의 생체 해부학에서 비롯된 것이다. 빌헬름은 해부학적 지식을 바탕으로 언어의 생성원리를 설명한다. 특히 음이 어떤 기관을 통해 만들어지는지에 집중한다. 소리로 만들어지는 언어의 예술성을 통해 인간 사고가 형성된다고 전제한다. 따라서 그는 인간의 사고력이 바탕이 되는 한 민족의 정신문화를 통해 이 세계를 인식하고자 하였다. 그의 이러

---

[32] Wilhelm von Humboldt. VII. 582쪽.

[33] Wilhelm von Humboldt. VII. 583쪽.

[34] Wilhelm von Humboldt. VII. 46쪽.

한 관점은 자연과학과 인문학의 융·복합적 접근이라고도 할
수 있다. 언어는 인간의 사고와 관계하며, 따라서 신념과 개성
의 형성에도 영향을 끼친다. 또한 언어는 인간의 지각작용에
깊은 영향을 주며 세계관을 형성하게 한다. 반면에 그는 전통
적 기호의 관점에서 언어를 정신과는 분리된, 단순히 의사소
통을 위한 자의적 수단으로 간주하는 것에 반대한다. 언어를
의사소통 도구인 임의의 기호로 간주한 당시의 전통적 언어관
으로는 언어의 다양성을 설명할 수 없기 때문이다. 개별 언어
에 내재하는 인지적 잠재력을 인식하고 그 잠재력을 세계의
다양한 견해인 인지적 다양성으로 이해할 때 비로소 모든 언
어연구는 의미있고 필요한 작업이 되며, 이러한 관점에서 언
어학은 사료연구가를 위한 서비스 작업이나 혹은 소위 의사소
통 능력의 극대화만을 위한 학문이 아닌 독자적 연구분야로
주목 받는다.

아카데미 연설에서 빌헬름은 인간의 모든 감정이 언어에 나
타나므로, 언어를 기호로 간주하는 것에 반대한다. 의사소통
수단이며 나아가 상상력과 관념을 표현하는 '시, 철학, 역사'와
같은 '삶의 언어'가 합리적인 표시나 보편적으로 동일한 것을
나타내기 위해 사용된다는 점이 언어사용의 본질적인 측면이
며, 개념이 지니는 가치를 표현한다고 본다. 언어사용에 있어
특징적인 두 가지 측면은 "기호와 상징"이라는 언어의 특수한
기호학적 구조로 동시에 나타나는데 이러한 "동시성"은 그의

사고의 기본구조를 형성한다. 이러한 사고는 단어, 상징, 기호를 칸트철학의 관점에서 설명할 수 있다. 어떤 한 대상으로부터 받은 인상은 객관적인 상징을 통해 나타나는데, 이는 한 개인의 감성과 수용성이 드러나는 측면이다. 단어를 이해하기 위해서는 감성, 이성, 수용성, 객관성, 주관성의 개념이 요구된다.[35] 그림과 상징, 기호와 단어를 현대 언어학 개념으로 설명한다면 표현과 내용이다. 단어는 표현과 내용의 결합으로 "말 Pferd 馬"이라는 단어를 예를 들면, 이는 소쉬르의 "기호의 표현(말 Pferd 馬)"과 "기호의 의미(상상되는 이미지)" 개념이 단어에서 동전의 양면처럼 하나의 통일체로 함께 나타나는 것으로 설명할 수 있다.[36] 빌헬름은 "기호, 그림, 단어"에서 표현과 내용의 관계를 "고립 Isolierung, 합체 Einverleibung, 통합 Synthesis"으로 설명한다.[37] 기호에서 표현과 내용은 "고립"되어 있으며, 그림에서 표현과 내용은 "합체(合體)"되어 서로 구분할 수 없게 되므로 정체성을 잃어버린다. 단어에서 표현과 내용은 "통합(統合)"되면서도 각각의 정체성을 잃어버리지 않으므로, 그는 통합을 고립·합체와 비교해 가장 높은 단계의 추구할 가치가

---

[35] Kant. 1974. 118쪽.

[36] 소쉬르는 기호를 기호의 표현을 나타내는 "기표(시니피앙 signifiant)"와 기호의 의미를 뜻하는 "기의(시니피에 signifie)"로 정의하는데 이는 종이의 양면처럼 동시에 생성된다. Wilhelm von Humboldt. V. 428쪽, Trabant. 2012. 166쪽.

[37] "합체"는 둘 이상의 것이 합쳐져서 하나가 되는 것을 말한다. 빌헬름의 "고립" 개념은 중국어와 같은 고립어를 칭하는 것이고 "합체나 통합"은 인도유럽어족에 나타나는 굴절어를 의미한다.

있는 통일의 방식으로 이해한다.[38]

　빌헬름은 문법의 형태를 언어의 본질에 상응하는 통합 형태로 간주한다.[39] 그는 해석하기 어려운 결합을 통합이라는 개념으로 설명하는데, 그는 "고립, 합체, 통합"개념을 네 번째 「인류 언어의 완성」이라는 주제의 아카데미 연설에서 소개한다. 빌헬름이 생각하는 완전한 문법형태는 무엇인가? 근본적으로 그는 인도게르만족의 형태론을 모델로 제시하고 있다. "친구 포도주 마시다 amic vin bib"라는 어간형태소 문장에서 주어를 나타내는 "친구 amic"에 -us라는 주격형태소가 붙고 "포도주 vin"에 -um이라는 목적격 형태소가 붙고, "마시다 bib"에 -it라는 시제형태소가 연결되어 "친구가 포도주를 마신다 amicus vinum bibit"라는 문장이 각각의 형태론적 어미형태소에 의해 문장기능을 획득하게 된다.[40] 여기서 어휘적 어간 *bib*에 -it라는 시제형태소 연결은 "합체"로 설명할 수 있다. 또한 어간 *bib*이 시제형태소 -it를 통해 문장에서 특정 기능을 수행하는 새로운 형태, 즉 이러한 형태소 결합을 통해 문장내에서 "친구가 술을 마신다"의 3인칭 현재 형태를 제시하는 역할을 하게 되는 것을 "통합"으로 표현한다. 문장 *amicus vinum bibit*의

38 　빌헬름은 "통합"의 개념을 성적 통일의 모델로 간주하기도 한다. Trabant, 2012. 167쪽.

39 　Wilhelm von Humboldt, VI, 355쪽, V, 428쪽.

40 　Trabant, 2012. 144쪽.

각 단어는 문장에서 특정 기능을 하는 결합어미로 연결되어 있다. 그러나 반면에 단지 문장의 위치를 통해 주어, 목적어, 시제와 같은 특정한 기능을 하는 중국어 같은 언어도 있는데 그는 이러한 언어를 고립어로 정의한다. 빌헬름은 두 문장성 분들이 서로 결합되어 나란히 나타날 수 있는 *amicvinbib* 예에서 그리스어를 언어문법의 이상형인 통합의 결정체로 간주한다. 기호에서 개념과 표현의 결합 역시 통합이라 할 수 있다.[41] 빌헬름은 쉴레겔이 인류를 문법이 발달된 인종과 문법이 발달되지 않은 미개한 두 인종으로 구분하는 것을 의도적으로 반박하며 통합을 강조한다. 또한 교착과 같은 형태적 결합을 통해 점차적으로 문법화하는 형태가 역사적으로 생성된다는 입장을 갖는다.[42] 언어형태의 이러한 방식이 언어의 이상과 가깝다는 것은 빌헬름의 철학적 사고에서 비롯되는데, 그는 문장결합의 방식을 고립, 합체, 통합의 세 방식으로 구분하며, 이중 *amicus vinum bibit* 문장에서처럼 각각의 문장성분의 개성을 파괴하지 않고 결합하는 통합개념을 최고의 방식으로 간주한다. 언어의 본질에 상응하는 문법적 형태는 통합적 형태로서, 그에게 이러한 문법형태가 가장 잘 실현된 언어는 그리스어이

---

[41] Trabant, 2012, 145쪽.

[42] 교착어는 형태적 유형 분류의 하나로 의미를 가진 단어 또는 어간에 문법적인 기능을 가진 형태소들이 차례로 결합함으로써 문장 속에서의 문법역할과 관계를 표현하는데, 굴절어처럼 주어에 의해 동사어형이 변화하는 것이 아니라 시제와 같은 일정한 문법형태소가 어간에 첨가된다.

다. 빌헬름은 이처럼 18세기 말까지 언어 연구의 중심에 있던 어휘 대신 문법이 개별 언어의 구조적 본질을 형성하며, 언어들을 구조적으로 서술한다는 것을 밝힌다. 빌헬름은 알렉산더와 함께 언어사적 유산으로 문법의 3요소인 "굴절, 결합, 고립"을 체계화하여, "굴절어, 교착어, 고립어"를 구분한 언어유형론의 창시자라 할 수 있다.[43] 굴절어와 교착어는 상이한 형태론적 통사론적 형태로 나타나는데, 빌헬름은 범주에 따라 언어를 분류하는 것에 초점을 맞추기보다는 각 민족의 언어를 하나의 유형이 아닌 하나의 개체로서 각각의 특징, 즉 민족 개체의 개성을 파악하는 데 집중한다. 그는 굴절에서 나타나는 문법 특징을 형태·통사론적 문제 해결에 가장 적절한 방법론으로 간주한다. 그에게 언어는 인간의 정신적 생산활동인데, 이러한 관점에서 언어를 사고를 형성하는 수단이라고 명명한 바 있다. 그는 "인간은 언어를 통해서만 인간이다"라는 말을 하는데 이는 "인간은 놀이를 통해서만 인간이다"라는 쉴러의 미학적 관점과 같은 맥락이라 할 수 있다.[44]

---

[43] 굴절어는 형태론적 특징으로 본 언어의 한 유형으로 어형과 어미의 변화로 단어가 문장 속에서 가지는 다양한 관계를 나타내는 언어를 말한다. 독일어를 비롯한 인도 유럽어족에 속한 언어가 굴절어에 속한다. 굴절어와 교착어는 형태통사론적으로 상이한 특성을 가지는데 한국어, 터키어, 일본어, 핀란드어가 대표적인 교착어에 속한다. 고립어는 형태론적 특징상 어형변화나 접사류 없이 문장 내 위치에 따라 문장속에서 여러 가지 관계를 나타내는데 중국어, 타이어, 베트남어가 고립어에 속한다.

[44] "Der Mensch ist nur Mensch durch Sprache" Wilhelm von Humboldt. IV. 14쪽.

빌헬름은 쉴러의 「발렌슈타인」에서 언어가 상상력의 형태인 시적 특성으로 작용하여, 감각과 이성을 통합적으로 결속시키는 활동을 하고 있기에, 언어능력을 인간의 작품이자 동시에 세계를 표현하는 능력, 다시 말해 내적 사고와 감정, 감성적인 의사소통 수단을 위한 능력으로 정의한다.[45] 언어가 인간의 작품인 동시에 세계를 표현하는 것이라면 사고와 소리가 상호 필연적 조건으로 구속된다는 것이다. '세계의 표현'인 언어는 상징성, 감각, 감성을 포괄하고 정신을 만드는 수단으로서 언어는 인간의 이해력에 영향을 끼친다. 이러한 "주관성"과 "보편성"의 관계를 특징짓는 동시성은 언어의 구조적 특징이라 할 수 있다. 빌헬름이 언어가 단순한 기호가 아님을 밝히면서 언어철학가로서 아리스토텔레스 이후 언어를 임의적인 기호로 간주하는 유럽전통에 대해 반기호학적 언어이론을 제시한 것으로도 그의 언어사적 의의를 살펴볼 수 있다. 그 이유는 언어가 인간의 사고와 관계있고, 인간의 태도, 성격과 같은 인식적 측면에 깊은 영향을 주며 인간의 세계관을 나타낼 수 있기 때문이다. 따라서 시, 철학, 역사를 기호로 표현하는 데는 한계가 있다는 것이다.[46] 그림이나 상징 같은 개념들은 전통적으로 표현과 내용을 동시에 보여주는 기호에 속한다. 따라

---

[45] Wilhelm von Humboldt, VI. 29쪽, V. 428쪽.

[46] Wilhlem von Humboldt, Schriften zur Sprachphilosophie IV. 29-30쪽.

서 빌헬름은 그림을 기표와 기의의 합체로 간주한다. 그는 쉴 러의 작품 「발렌슈타인」에서 이러한 통합성이 상상력의 한 형 태이자 정신의 한 형태라는 것을 인식한다. 괴테의 「헤르만과 도로테아」에서 상상력을 예술적 창조성으로 인식하고 이전의 미학적 사고를 언어이해를 위한 도구로 보았다면 이제는 언어 를 상상력을 위한 섬세하고도 세련된 형태로 본다. 헤겔은 기 호의 예를 피라미드로 설명하며 한 민족의 단어를 종적인 시 간관찰 개념의 결과물인 특별한 기호로 간주한다. 헤겔과 빌 헬름의 본질적 차이는 빌헬름이 인류의 정신을 다양한 언어의 앙상블이라고 간주하는 데 반해, 헤겔은 세계정신에서 언어를 배제한다는 점에 있다. 철학자로서 헤겔이 순수한 정신력을 언어보다 강조하였다면, 언어철학가로서 훔볼트는 언어를 정 신의 핵심으로 본다.[47]

구조와 특성

언어구조의 다양성은 19세기 언어학의 관심분야는 아니었 다. 왜냐하면 19세기 언어학의 경향은 동시대적 관점이 아니 라 인류변천사의 관점에 따른 통시적 연구였기 때문이다. 빌

---

[47] Hegel, Enzyklopädie, 458-459쪽.

헬름 역시 언어의 구조나 조직에만 집중한 것이 아니라 인류학과 철학적 배경에서 드러나는 언어의 특징, 즉 한 민족의 개성을 파악하고 이 개성으로 특징 지워지는 언어의 다양성을 밝히고자 한 점에서 인문학적 통섭의 언어연구가 면모를 잘 보여준다고 할 수 있다. 언어의 특징을 파악하는 것은 르네상스 시대부터 이어온 언어연구의 최대 목표였다. 그러나 언어의 특징을 파악하려면 언어의 구조를 먼저 이해해야 하는데 언어는 일반적으로 문법과 사전으로 구조화되고 조직되어 있다.

빌헬름 언어철학의 중심개념은 "특성, 구조, 조직"이다. 그의 비교언어학 연구는 크게 두 부분으로 나눌 수 있는데, 한편으로는 언어의 구조와 조직에 관한 것이며 다른 한편으로는 언어의 특성에 대한 연구이다. 그는 언어조직과 관련해 모든 언어의 구조를 서술하며 다른 한편으로는 언어범주를 찾는 데 집중한다. 그는 언어구조를 서술하기 위하여 언어의 내적 구조, 즉 라틴어나 그리스 문법과는 독립적으로 각 민족 고유의 범주에 따른 언어의 내적 관계를 서술하려고 노력한다. 빌헬름은 문법형태를 언어의 다양성 관점에서 이해하며 네 번째 아카데미 강연에서 문법형태를 기준으로 인도유럽어가 속한 굴절어, 중국어와 같은 고립어, 교착어를 체계적으로 설명한다.

빌헬름은 언어의 특성에서 상호성 문제를 "이원론 Dualismus"의 개념으로 설명한다.[48] 이는 의사소통의 핵심개념으로 화자와 청자의 상호관계를 인정하고 배려할 때 올바른 의사소통이

가능하다는 빌헬름의 통섭적 언어철학 입장인데, 이점이 오늘날 의사소통 윤리성에 대한 논의의 출발점이 된다고 할 수 있다. 1827년 대서양 지역의 언어탐구를 시작으로 빌헬름은 말하는 화자와 대답하는 화자에 대한 개념을 도입한다. 그는 언어를 통해 정신활동을 하는 화자를 언어사고의 핵심으로 보고, 세계의 언어를 이원론적 문법범주로, 상호관계의 차원에서 언어의 통합을 언어철학적으로 제시한다.[49] 문법범주 역시 '나'와 '너'라는 상호성의 관계에서 형성되는 정신적 통합으로 설명한다. 그의 언어구조에 대한 인식은 단순한 언어연구가 아니라 인간과 인간관계를 배려하는 통섭의 언어철학적 관점이라 할 수 있다. 사고란 이 세계에 대한 '나'의 관계뿐 아니라 다른 사람과의 관계에서 생성되는 의미를 포함하고 있기 때문이다. 16번째 아카데미 강연에서 빌헬름은 인식과 의사소통의 연결이라는 관점에서 대명사를 강조하는데, "내가 너에게 말한다"는 예에서 인식과 의사소통의 통합적 언어사고가 나타난다고 전제한다. 그는 이 점을 단수와 복수라는 문법구조에서 나타나는 이원론 개념으로 설명한다. '나'라는 1인칭을 통한 이원론 개념은 논리적으로 모순되는 특성을 갖고 있다. '나'는 1인칭 단수일 수도 있고 1인칭 복수 '우리들 중의 나'일수도

---

48 Wilhelm von Humboldt, Ⅵ, 26쪽.

49 Wilhelm von Humboldt, Ⅵ, 21쪽.

있기 때문이다. 즉 '나'라는 1인칭은 단수도 될 수 있고 복수 '우리 중의 나'라는 1인칭 단수도 될 수 있다는 것이다. '나'의 존재가 각각 직접적으로 가까운 제3자와의 관계에서 표현되므로 단수와 복수의 성격을 동시에 갖고 있다고 할 수 있다. 독일어에서 *sie/Sie*라는 인칭대명사를 예로 들 수 있는데, *sie*가 소문자일 경우에 '그녀'를 나타내는 3인칭 단수 여성 인칭대명사이기도 하지만, 동일한 형태로 '나'와 '너'의 관계에서 3인칭 복수 '그들'을 의미하기도 한다. '당신'을 나타내는 존칭 인칭대명사 *Sie*는 소문자 *sie*와 동일한 형태지만 대문자로 쓰일 경우 영어의 *you*에도 해당되는데 영어와 마찬가지로 단수와 복수의 개념이 모두 나타나므로 그가 지적한 특성을 확인할 수 있다. 따라서 이원론 개념은 언어영역에서 전형적으로 나타나는 공동체에 대한 새로운 이해를 돕는다. 왜냐하면 언어는 결속하기도 하고 동시에 분리되기도 하기 때문이다. 빌헬름은 인칭대명사에서 나타나는 논리적 모순을 오히려 인간이 구사하는 언어의 개성과 특성의 관점에서 이해한다. 이점이 단순한 언어연구가 아닌 인간과 한 민족의 특성을 고려한 인문학적 통섭의 언어관찰방식이라 할 수 있다. 칸트가 도덕적 인간의 보편성을 강조한다면 빌헬름은 개성의 특성을 중요시 한다.[50]

아메리카 부족언어는 빌헬름의 세계 언어 여행에서 바스크

---

50 Wilhelm von Humboldt, GS I, 122쪽.

족 언어 다음으로 중요하다. 아메리카 부족언어는 그를 언어
생성의 다양성에 눈뜨게 하였으며 비교언어학 연구를 위한 토
대를 마련해 준다. 알렉산더가 1804년 쿠바에서 갖고 온 상자
들은 언어학의 혁명을 가져오는 데 기여한다. 그의 소장품들
은 슐레겔과 파터가 정리하는데, 슐레겔은 산스크리트와 인도
유럽어의 비교연구에서 인도유럽어와 산스크리트어가 굴절에
서 서로 대비를 이루고 있으며, 인도유럽어들의 어간의 문법
표시가 굴절어미에 의한 것임을 밝히는 데 기여한다.[51] 쉴레겔
은 굴절어미와 같은 문법체계를 정신적 창조력의 산물로 간주
하며, 이를 바탕으로 인도유럽어를 인간적인 언어로, 인도유럽
어에서처럼 굴절이나 내·외적 변화를 보이지 않는 아메리카
부족언어를 미개어로 간주한다. 알렉산더가 아메리카에서 수
집한 언어자료들은 쉴레겔의 언어 인류학적 비교연구에 결정
적 역할을 하는데, 언어의 구조적 차이가 어휘비교가 아닌 사
고의 내적구조인 문법에 바탕을 두고 있음이 밝혀진다. 알렉
산더는 쉴레겔의 비교언어학 연구를 위한 새로운 방법론을 제
시하는 데 절대적으로 기여한다. 빌헬름은 언어의 종합적 본
질이 동사, 관계대명사, 접속사같은 언어의 문법구조에서 보다
명확하게 잘 드러나는 것을 발견한다. 그는 동사를 "언어의 신
경"으로 간주하고 이후 다양한 언어연구에서 오직 동사의 통

---

[51] 굴절어는 언어의 형태론적 특징으로 동사, 형용사의 어형과 어미변화로서 문장성분들간의 관
계를 나타내는 언어유형이다. 동사에서는 인칭, 수, 시제에 따른 동사의 어형변화가 나타난다.

합적 특성연구에만 몰두한다.

빌헬름은 1812년 「언어와 종족의 다양성」에 대한 강연에서, 언어를 통해 종족을 판단할 수 있으며 유형학적으로 분류할 수 있다고 강조한다. 개별 언어들은 종족으로서가 아닌 개별 개체로서 다양하고, 그들의 특성은 종족의 특성이 아니라 하나의 개성이 있기에 개체는 그 자체로 하나의 특성을 형성한다 : "종족과 친족관계에 있지 않는 언어들이 언어구조의 일반적 유사성에 따라 구성된다면 그러한 분류는 언어 특성을 무시하는 것이다. 개별 언어들은 종(種)으로서가 아니라 개체로서 상이하고, 언어의 특성은 종의 특성이 아닌 개체적인 특성이다. 개체는 그 어떤 경우에도 그 자체로 가치를 갖는다."[52] 빌헬름은 언어에 내재된 한 민족의 정신활동을 개성으로 정의하고 언어를 개성과 다양성의 관점에서, 즉 인류학적 발전을 고려하는 인문학적 통섭의 언어연구를 강조한다. 그는 각 민족의 개성을 통해서만 다양성을 확인할 수 있다고 본다. 언어는 한 민족의 정신활동으로서 인류학적 시·공간의 변천을 통해 발전해왔는데, 단지 언어구조가 유사하다는 이유로 같은 부류로 분류하는 것을 비판하며 민족의 개성에 따라 언어를 분류하고, 전체를 보편성의 관점에서 살펴보아야 한다고 강조한다. 1822년 다섯 번째 아카데미 강연에서 그는 아메리카 부

---

[52] Wilhelm von Humboldt. VI. 150쪽.

족언어의 동사에 나타나는 문법형태들의 유사성을 개성으로 강조하는데, 왜냐하면 이러한 문법이 역사적 배경을 지닌 인간정신의 귀중한 형태를 표현하기 때문이다. 그는 동사형성의 다양한 방식을 제시하나 이 연구의 목표는 아메리카 언어연구라기보다는 일반 언어이론의 문제에 대한 것이라 할 수 있다. 이 연구에서 비록 아메리카 언어에 대한 전체적인 개관을 이루는 데는 성공하지 못하지만 동사가 언어의 심장부라는 것을 발견하였고 아메리카 언어연구에 대한 폭넓은 보편화된 해석을 유도했다는 점에서 가치가 있다 : 그는 아메리카 언어를 하나의 언어군으로 그룹화하고 유럽인의 아메리카 언어에 대한 편견의 원인을 밝힌다. 아울러 당시 유럽 언어학자들로부터 유럽어에 비해 미개하다고 평가되는 아메리카어의 구조적 특성이 동사에서 비롯된 것임을 밝힌다. 이 부분은 4장에서 좀 더 자세히 소개된다. 아메리카 언어들은 명사와 동사가 구분되지 않으며, 인칭대명사가 한 단어를 명사 또는 동사로 만들기도 한다는 것이다. 결국 아메리카 언어의 구조적 중심은 인칭대명사라는 것이다. 이 연구의 핵심은 동사와 명사에 대한 이러한 논의가 한 민족의 불명확한 사고를 나타내는, 즉 정확하지 않은 사물구분의 특징을 보여준다는 점이다. 즉 동사와 인칭대명사와의 관계를 민족의 정신활동 관점에서, 다시 말해 인류학과 언어학의 통섭적 관점에서 설명한 점은 높이 평가되어야 한다. 그는 1836년 카비어 서문에서 아메리카 언어들의 동사에 대해 언급하는데, 여기서 중요한 이론적 핵심은 통합성 개념이라 할 수 있다. 통합성이란 조음의 표현과 마찬가지로 언어연구 방법에서 본질적인 것이다. 예를 들어 "음과 개념의 통합성은 정신의 진실한 창조적 행위와 같다."[53] 빌헬름은 통합성을 언어의 완성도를 판가름하는 척도로 평가한다.

인문학과 언어

빌헬름은 1823년부터 3년간 진행된 아메리카 부족언어에 대한 후기연구에서 아메리카 부족언어들의 다양성보다는 유사성을 강조하지만 이에 대한 연구도 '카비어 연구'와 마찬가지로 성공적으로 마무리하지 못한 채 결국 1826년 아메리카 부족언어에 대한 연구를 포기한다. 이에 대해 두 가지 요인을 들 수 있는데, 첫 번째 실패요인은 그가 아메리카 부족언어 전반을 서술하고자 했으며 전체 아메리카 부족언어에서 하나의 법칙을 발견하려 하였다는데 있다. 두 번째 요인은 각각의 언어로부터 문법과 어휘를 구조적으로 서술하려고 진행하였다. 그는 먼저 문법을 출판하고 언어에 대한 개관을 출판할지 고민하였으나 결국 그 순서를 바꾸어 시도하였고 이는 실패의 결과를

---

53 Wilhelm von Humboldt, Ⅶ, 212쪽.

초래한다. 왜냐하면 아메리카 부족언어의 전체연구를 위해서 우선 일반 언어유형의 서술이 전제되어야 하나, 근본적으로 다른 유형의 언어자료로부터 부족언어에 대한 전체 인상을 파악하려는 시도는 사실상 불가능하였기 때문이다. 그러나 그의 아메리카 언어연구가 성공적으로 완성되지 못한 결정적 원인은 아메리카 부족의 정신활동이 담긴 시적으로 표현된 문학작품과 같은 텍스트가 부족했기 때문이라고 할 수 있다. 또한 그가 아메리카 부족언어에 대한 방대한 문법서와 사전들을 보유하고 있었지만, 단지 소수의 텍스트들만 확보하고 있었기에 그 언어들이 갖고 있는 특징이나 민족의 정신을 이해하기에는 충분하지 않았다. 이러한 경험을 바탕으로 그는 1820년에 출간된 「멕시코 언어 분석 시도」에서 유럽과 비교할 수 없을 정도로 다양하게 나타나는 아메리카 대륙 언어들의 다양성을 강조한다.

빌헬름은 언어의 개성에서 형성되는 세계관이 문학텍스트를 통해서만 확인 가능하다고 여기는데 그가 지칭하는 문학의 범주에는 학문적인 텍스트, 역사서, 철학서를 포함한 모든 텍스트들, 그리고 대문호 작가 개인이 포함된다. 왜냐하면 언어를 창조하는 작가들에 의해 언어가 계속 만들어지고 언어의 본질적인 개성이나 특징들이 드러나기 때문이다. 그는 언어의 발전을 두 단계로 분류한다. 우선 각 민족은 그들의 사고 구조나 조직을 바탕으로 언어를 창조하려고 노력한다. 작가는 이렇게 만들어진 언어를 바탕으로 자신의 개성이 표현되는 작품 활동을 한다. 이러한 관점에서 볼 때 그는 인문학적 통섭 지식이 바탕이 되지 않는 언어연구는 어린아이 언어처럼 미숙하며, 한 민족의 국가, 문화, 역사, 철학, 정신이 어우러진 텍스트에 대한 언어연구가 진정한 언어연구라는 것이다. 그는 문학작품이 없는 언어를 어린 아이 언어로, 문화적 정신적 특징을 가진 언어를 성인의 언어로 비유한다.[54] 그는 봅의 「동사변화체계」와 「인도유럽어의 비교문법」, 그림의 「독일 문법」을 예로 든다. 빌헬름은 문법과 같은 언어구조가 민족의 역사와 관련 있지만, 언어구조의 유사성으로 해당 언어 민족들의 개별 특징을 파악하기 어렵다는 문제점을 제시하는데, 이러한 관점이 언어연구에서 인문학적 통섭 지식을 필요로 하는 이유이기도 하다.

빌헬름은 언어를 정신활동으로 전제하고 처음부터 언어연구에서 개별 언어의 개성을 파악하는 것을 연구과제로 삼고 개별 언어에서 나타나는 주요 문제를 1806년부터 "구름의 역설"이라는 명제로 정의한다.[55] 구름은 멀리서보면 특정한 형상을 나타내지만, 구름안으로 들어가자마자 무수한 개별성의 집합에서 만들어지는 회색으로 인해 전체의 형태가 "안개 낀

---

[54] Wilhelm von Humboldt, IV, 234쪽.

[55] Wilhelm von Humboldt, VII, 623쪽.

회색빛"이 되어 사라진다. 따라서 관찰자는 안개 낀 회색에서 '전체인상'을 파악하기 위해 통합적 지식을 바탕으로 한 안목이 필요하며 이 지식의 바탕이 되는 것이 인문학이라고 할 수 있다. 결국 개별 형태에서 언어의 보편적 형태의 전형을 인식하는 연구자의 상상력이 있어야 한다. 다시 말해 쉴레겔이 제시한 그리스어나 라틴어 문법의 구조와 같은 전형적인 틀에서 자유로워야 한 언어의 전체성이나 각 개별언어의 특성을 이해하는 효과적인 유추에 이를 수 있다는 것이다. 빌헬름은 여기서 언어를 한 민족의 정신이 담긴 것으로, 즉 민족 전체를 살펴보는 언어연구를 강조하고 있는데, 이 점이 오늘날 그의 언어철학 연구의 당위성이라 할 수 있다.

그가 1812년부터 1826년까지 끊임없이 시도한 신대륙 언어의 전체특성에 대한 연구는 아메리카 부족언어의 다양성으로 인해 실패한다. 왜냐하면 다양한 언어로 표현된 아메리카 종족들의 정신적 특성을 파악할 수 있는 인문학적 자료가 없었기 때문이다. 이 언어들의 구조적 다양성으로 인해 아메리카 연구에서 개성과 다양성이라는 문제가 제기되는데 이는 분류 문제에서 발생학적 문제로 이어진다. 이러한 관점에서 하나의 아메리카 언어부족이 있었는지 아니면 다양한 언어부족들이 존재했었는지에 대해서는 논의의 여지가 있다. 그는 언어의 영역이 식물의 경우처럼 종(種)에 따라 분류할 수 있는 영역이 아니며 개별 언어는 민족의 "정신적 개성"이기에, 이는 역사의 영역으로 이전되어 대륙의 언어연구를 인류의 사고와 감성의 역사로 관찰하는 통합적 관점의 언어연구를 강조한다.[56] 그의 아메리카 언어를 바탕으로 한 언어의 개성과 다양성 연구는 오늘의 비교언어학 연구발전의 계기를 마련한다.

알렉산더 역시 인간의 정신을 다루는 인문학을 마치 자연과학의 한 분야인 식물학과 같은 학문으로 평가절하 하는 것을 비판한다. 그러나 그의 이러한 지적은 지금의 교육제도 현실을 비판하는 듯하다. 자연과학자인 알렉산더가 아메리카 자료를 인문학적 관점에서 연구하여 새로운 지평을 제공한 것처럼 인문학적 통섭의 연구가 이 시대에 필요하다.

인류학자 보아스는 여러 인종과 민족 집단간의 차이는 그들의 고유한 문화, 즉 언어를 비롯한 사회적 행동패턴으로 전달되는 관념과 가치의 총체적인 체계에서 유래한다고 전제하는데 이는 빌헬름의 언어관과 유사하다. 예를 들어 보아스는 원시 부족들의 언어가 유럽 언어들보다 단순한게 아니라 단지 다를 뿐이라는 사실을 입증함으로써 모든 인종집단은 동일한 정신능력을 타고났다고 결론지었다. 이는 빌헬름이 강조하는 언어의 개성과 보편성의 관점과 비교할 수 있다. 보아스는 문화가 인간의 생물학적 특성에서 유래하며 관찰과 추론을 통해 다른 사람들의 믿음, 가치, 관습, 지식, 아이디어 등을 습득하

---

[56] Wilhelm von Humboldt, VII, 602쪽.

는 능력이 진화한 심리적 적응이기 때문에 문화는 생물학적으로 인식가능하다고 전제한다. 빌헬름은 이런 관점을 언어연구를 통해 설명하고 비교언어 연구에 매진하였다. 왜냐하면 언어는 인간의 정신활동을 반영하는데 이는 곧 인간의 문화활동을 반영한다고 확대 해석할 수 있기 때문이다. 빌헬름은 인류학에서 출발하여 비교언어연구에서 완성한 그의 언어철학에서 개성과 보편성을 강조한다. 최근 사회생물학에서 획기적 인기를 얻고 있는 도킨스의 「이기적 유전자」에서 도킨스는 "뇌의 발달로 사고할 수 있고 이를 바탕으로 문화가 생성된다고 주장"한다.[57] 그러나 이러한 관점은 약 250년 전 빌헬름이 이미 주장한 것으로, 그는 언어가 정신적 활동이며 이러한 정신적 활동으로 문화가 만들어진다는 것을 언어철학적으로 설명한 바 있다.

빌헬름이 독일교육이념 정립에 공헌한 만큼이나 그의 언어철학적 성과 또한 중요하다. 그는 프란쯔 봅, 야콥 그림과 함께 비교역사언어학 창시자로, 비교인류학 관점의 언어학이라 불리는 응용언어학 연구의 창시자라 할 수 있다. 그는 단순히 언어사적으로 문법단위를 재구성한 것이 아니라 선천적으로 타고난 언어능력과 보편적 언어감각으로 인간 언어의 개성과 다양성을 강조하였다는 점에서 언어사적으로 의의가 크다. 그

---

[57] Dawkins, 1976.

가 「인간 언어구조의 다양성」에서 언어학과 어문학을 연결시키는 데 기여한 것 역시 간과해서는 안 된다. 그에게 언어문학은 정신활동에 의한 언어기념물이고, 텍스트중심 학문이며, 고전어로 된 위대한 작품들을 대상으로 하는 학문이다. 그에게 언어학은 한편으로는 언어에 대한 공시적 서술이고, 다른 한편으로는 서술된 언어에 나타나는 역사적 사건들의 비교이다. 그는 언어가 드러내는 문법구조의 특징이 아니라 문학텍스트를 대상으로 하는 언어연구를 강조하는데, 이는 인류학과 철학이 바탕이 된 통합적 관점의 언어연구라 할 수 있다. 바로 이런 입장이 빌헬름의 인문학적 언어관찰태도와 그의 언어연구를 살펴보게 하는 핵심적 이유이다. 한 민족의 정신이 깃든 문학을 통해 인류를 이해하고, 정신의 활동인 언어를 통해 인류를 살펴보는 것이 오늘날에도 유효한 언어연구의 핵심이기도 하기 때문이다. 한 민족이 문학작품으로 교육받지 못하고 또한 언어학 연구를 위한 어떤 텍스트도 제공할 수 없다면 그 민족의 언어가 가진 특징에 대해 말하기 어렵다. 바로 이런 이유로 빌헬름의 아메리카 언어연구는 성공할 수 없었다. 그는 민족의 특징과 관련있는 문학텍스트, 세계관이 표현된 것, 언어의 특징이 발견되는 민족의 정신적 대화에서만 그 민족의 개성을 볼 수 있다는 것을 우리에게 일깨워 준다. 빌헬름은 사고를 감성과 이해력의 통합적 단위로 보는 칸트 관념철학의 영향을 받아 상상력의 통합이 본질적으로 언어의 통합이라는 것을 발견한다. 인간의 사고는 언어로서 생성되며, 언어는 사고를 만들고, 언어 없이는 생각을 전달할 수 없기에 언어를 사고 그 자체의 표현양식인 '관념'으로 이해하는 관점이 빌헬름의 인류학적 사고이기도 하다. 그는 인류 사고의 구체적 행위인 말하기를 강조하는데, 말하는 사람은 그 민족이나 공동체의 언어로 사고하기에, 인간의 사고는 많은 상이한 언어를 통해 다양한 세계관을 만들어 낸다는 것이다. 바로 이런 관점이 글로벌 시대의 세계를 이해하기 위해서는 반드시 다양한 언어를 배워야 하는 이유이며, 그의 인문학적 통섭의 언어철학을 살펴보아야 하는 이유가 된다. 의사소통을 화자와 청자의 상호작용으로서 이해하며 사고를 중시하는 빌헬름의 언어연구는 방대한 철학적 연구이기도 하다. 그의 언어철학에서 언어는 한 민족의 정신이고 한 민족의 언어는 그들의 정신이므로, 단어들은 기호가 아니며, 언어는 '민족의 영혼'이므로 언어와 정신을 결코 분리해서 생각할 수 없다고 강조한다. 기호학적 언어관은 빌헬름에 반대하는 언어철학자들의 입장이며 유럽에서 오늘날까지 수천 년 동안 이어져온 보편적 견해이다. 빌헬름은 "언어를 사고의 보완물이다"라는 인식론적 언어관으로, 어휘들이 특별한 구조를 갖고 사고와 단어, 내용과 조음, 기표와 기의로 생성되며 통합적으로 결속되어 있다는 것을 강조한다. 따라서 한 언어의 어휘들은 유형적으로 다를 뿐 아니라 어휘별로 다양한 의미론을 갖고 있으므로, 한 민족의 언어는 곧 한 민족의 사고를 형성하는 세계관이기도 하다는 것을 강조한다.

현대 언어학의 관점에서 빌헬름의 언어연구 성과를 검토해 보자. 언어감각은 언어로 말할 수 있고 언어를 만들어 내는 인간의 선천적 능력이다. 빌헬름 이후의 모든 비교언어학 연구에서 언어감각에 대한 연구가 나타난다. 유럽 구조주의의 아버지라 불리는 소쉬르와 옘슬레브는 빌헬름의 구조언어학에 대한 프로그램뿐만 아니라 빌헬름적 언어감각까지도 상속 받았다고 할 수 있다. 촘스키의 빌헬름 연구는 전통적인 언어학 연구와는 거리가 있는 기념비적 연구라 할 수 있다. 촘스키가 언어학을 자연과학적 태도로 연구하고 분석한 반면, 빌헬름은 언어를 해부학과 인류학을 바탕으로 한 인문학적 통섭의 관점에서 연구하고 분석한다. 또한 촘스키의 관심분야가 생물학적이고 보편적인 것에 대한 것이라면, 빌헬름의 주제는 인류의 정신활동으로서 언어의 개성을 존중하는 문화적 다양성을 강조하는 것이라 할 수 있다. 언어, 문법, 사전의 구조에 대한 서술이 빌헬름에게 있어서 언어연구를 위해 필요한 도구이지만 결국 이는 문학텍스트에서 표현된 특징들을 해석학적으로 유추하는 언어연구를 목표로 한 것이다. 반면에 촘스키는 언어, 문법, 사전의 구조를 언어연구의 핵심대상으로 본다. 빌헬름에 있어서 언어는 발화행위로서의 언어이며, 총체성으로서 언어를 뜻한다. 인문주의적 이상을 추구하는 괴테시대는 훔볼트 형제가 활동하던 시기로서 상상력과 독창성의 문제를 중시한 시대이다. 빌헬름의 언어학적 사고는 칸트의 보편 철학개념으로부터 형성되며, 인류 역사에서 나타나는 경험적인 것을 언어의 개성으로 본다. 상상력을 감성과 지성의 통합으로 인식하는 칸트의 영향으로 빌헬름은 남녀간 성의 연구에서도 이 통합개념에 동의하는 입장을 보인다. 그에게 언어는 감성과 지성의 통합, 외적세계와 내적세계의 통합, 음과 개념의 통합, '나와 너', '너와 나'와 같은 이원론의 다양한 통합을 의미한다. 포슬러는 개별인간의 말하기를 통해 내용이 표현되는데, 이는 단순히 물질적인 것이 아닌 정신적인 작용이 창조적인, 시적인 것을 생성해 내기에, 모든 말하기는 시적이지만 가장 시적인 것은 창조적인 말하기인 문학이라고 주장한다.[58] 포슬러는 빌헬름 철학의 중심 모티브에 따라, 언어가 본질적으로 말하기이며 문학과 언어학에서 창조물로서 언어를 관찰하는 것은 문제가 있다고 지적한다. 일반 언어학자들이 랑그라는 문법에 대해 논의할 때 포슬러는 정치적, 종교적, 문학적 특징들이 언어의 체계에서 어떻게 작용하는지를 다루고 언어변천이 곧 문화 변천이므로 인문학이 곧 정신의 과학, 정신의 학문이라는 것을 상기시킨다. 빌헬름식으로 말하자면 언어는 사고를 만드는 수단이다. 즉 언어는 인식의 기능을 갖는다. 포슬러는 이를 언어의 본질인 내적활동으로 간주한다. 포슬러가 빌헬름의 관

---

[58] Vossler, 1904, 10쪽/63쪽, Trabant, 2012, 290쪽.

점에서 언어를 구체적인 개인 발화행위의 해석으로 관찰했으며, 촘스키가 언어를 보편적 정신으로 관찰한 것은 정신의 아름다움을 사랑하고, 언어를 미학적으로 관찰하는 태도라고 할 수 있다.

4. 도전

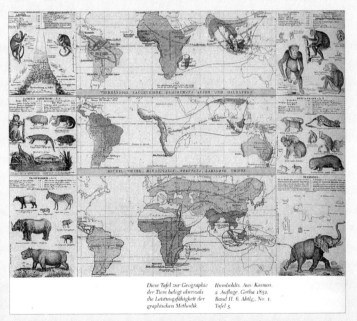

Diese Tafel zur Geographie der Tiere belegt abermals die Leistungsfähigkeit der graphischen Methodik

Humboldts. Aus: Kosmos, 2 Auflage. Gotha 1852, Band II. 6. Abtlg., No. 1. Tafel 5.

- 1852년 Kosmos 2판에 수록된 알렉산더 폰 훔볼트의 동물지리학 그림. Krätz, 2000, 160쪽.

칸트에게 도전을 배우다

　알렉산더에게 칸트와의 만남은 그의 인생에서 터닝포인터라고 할 수 있다. 그는 유년시절 나약하고 병약한 소년이었다. 테겔성의 자연을 사랑하는 소극적 아이였고, 자연과학을 경시하던 당시의 분위기로 놀림을 받던 그였지만 베를린 독서클럽에서 칸트의 계몽주의 사상을 접하면서 몰라보게 달라진다. 특히 "자신의 이성을 믿고 도전을 시작하라"는 칸트의 계몽주의 격언은 마치 번갯불처럼 알렉산더에게 깊은 인상을 남긴다. 이를 통해 그의 자연탐구 태도에도 변화가 나타난다. 자연에 대한 단순한 호기심이 아니라 인간과 세계의 관계를 이해하려는 태도에서 비롯된 새로운 시각을 가지게 된다. 나아가 인문학적 교양교육은 알렉산더의 자연관찰 방식에도 영향을 주어, 자연과 인간의 관계를 이해하려는 관점으로 바뀌게 된다. 그는 세계 이해수단으로서 여행에 깊은 감명을 받고 미지의 세계에 도전하려는 계획을 가진다. 그는 이제 더 이상 유년기의 나약하고 병약한 소년이 아니었다. 유년기의 소심하지만 다소 반항적이고 거친 성격과 태도에도 많은 변화가 나타나는데 무엇보다 베를린 독서클럽을 통해 예의바르고 매너있는 교양인으로 변한다.

　알렉산더는 이후 프랑크푸르트 오더의 비아드리나 대학에서 학업을 시작한다. 빌데노프와 교우관계를 통해 식물학에 깊은 관심을 보이는 등 비아드리나 대학에서 1년간 수학한 뒤 1789년 4월 형 빌헬름을 따라 괴팅엔 대학에 등록한다. 1737년에 설립된 괴팅엔 대학은 비교적 역사가 짧긴 했지만 대학으로서는 최고의 지위를 누리고 있었다. 특히 고고학, 행정학은 수학, 의학, 자연사 분야에서 타대학과 경쟁할 정도로 명성이 높았다. 알렉산더는 1년간의 짧은 대학생활이었지만 자연과학 분야의 괄목할만한 발전을 통하여 좋은 명성을 얻은 대학에서 자신의 이성적 판단하에 진로를 스스로 개척하고 세계여행이라는 꿈의 실현을 위해 준비한다. 알렉산더는 세계탐험을 위하여 리히텐베르크에게는 실험 물리학을, 인간과 세계를 이해하기 위하여 고트롭 하이네에게 고대 어문학과 고고학을 배운다. 또한 블루멘바흐의 해부학 강의에 깊은 감명을 받아 이를 계기로 자연과학에 집중하게 된다.

칸트의 영향으로 알렉산더는 좀 더 넓은 세상을 관찰하기 위해 헤센주와 니더작센주를 여행한다. 특히 빌헬름이 칸트의 영향을 받아 관찰여행과 고대언어, 그리스 문화에 관심이 많았던 것처럼 알렉산더 역시 자연과학의 여러 분야에 심취하였고, 고대 언어학과 그리스 문학 연구에도 많은 시간을 투자한다. 특히 자연을 탐구하는 인간 도전의 역사에 많은 관심을 가지며, 열린 눈으로 인간과 자연의 직접적인 관계를 관찰하고 인간과 세계를 위한 광물, 식물, 동물 등의 활용가능성에 관심을 가진다. 세상을 위한 그의 노력은 빌헬름과 비교해 훨씬 더 실제적이었다. 1789년 9월 카셀, 기센, 프랑크푸르트 암 마인, 하이델베르크, 만하임을 거쳐 마인쯔 등 여러 주에 걸친 라인강 지역의 관찰여행에서 라인강의 현무함 발생에 대해 조사하고, 20살이 되던 1790년 「라인강의 현무암에 대한 광물학적인 관찰」이라는 주제로 최초의 여행보고서를 출간하는데 산맥이 어떻게 생성되었는지에 대한 그의 연구는 학계의 주목을 받게 된다. 수성론자들은 해양의 침적물로 산맥이 만들어졌다고 보며, 일각에서는 화산 활동의 결과로 산맥이 만들어졌다고 주장하는데 그는 이들의 견해를 옹호한다. 알렉산더는 해양의 침적물로 산맥이 만들어지는 과정에서 현무암이 생성되었다는 것을 입증함으로서 인류의 변천을 현무암의 생성에 관한 자연과학적 원칙으로 관찰하는 융·복합적 관점의 자연과학자 태도를 보여준다.

알렉산더는 괴팅엔에서 세계항해에 참여했던 게오르크 포르스터를 만나 세계항해에 대한 꿈을 구체화한다. 포르스터가 그의 아버지와 함께 전설적인 제임스 쿡 선장의 두 번째 세계항해에 참여한 사실은 알렉산더의 탐험심을 자극한다. 당시 쿡은 「세계 여행」 보고서를 통해 유명인사였다. 포르스터의 영국여행 제안으로, 1790년 3월 알렉산더는 학교친구인 얀 판 게운스와 함께 벨기에와 네덜란드를 거쳐 바다를 처음으로 경험하며 영국으로 향한다. 포르스터는 식물학, 동물학, 화학, 물리학, 지리학, 역사학에 능통하였고 광산, 박물관, 자연풍광,

예술, 정치, 학문, 경제 분야에서 박식한 지식과 인간애로 젊은 동반자들에게 훌륭한 여행 안내자였다. 알렉산더는 포르스터를 그의 걸작 「코스모스 Kosmos(우주)」에서 "스승이자 친구, 그의 이름을 가장 감사하는 마음으로 부른다"고 회고한다. 알렉산더는 영국 여행에서 인류역사의 현장인 바다의 아름다움을 스케치하며 바다와 연관하여 인간과 세계를 이해하고자 노력한다. 이러한 태도에서 그의 도전적이고 탐구적인 관찰자의 면모를 볼 수 있다. 박식한 포르스터와 영국여행에서의 다양한 경험들은 젊은 알렉산더에게 하나의 계시처럼 많은 영감을 주었다. 칸트에게서 도전의식을 배웠다면 포르스터에게는 세계항해의 가능성을 배우고 후일 이를 실천한다.

1790년 영국여행에서 돌아온 뒤 알렉산더가 빌헬름과 달리 공부에 관심을 보이지 않자 그의 어머니는 경제전문가를 목표로 상과대학에 진학하기를 원했고 알렉산더를 함부르크의 명망있는 상과대학으로 진학시킨다. 그러나 그는 재정학 공부에는 흥미를 느끼지 못하고 따로 식물학을 공부하기도 하고 아메리카 탐험에 필요한 스페인어를 배운다. 당대 유명한 함부르트 한제도시 Hansestadt의 인물들과 교제하는데 그 중에는 호머를 번역한 포스, 클롭스톡, 클라우디우스가 있다. 이런 인물들과의 교제에서 알렉산더는 세상을 보는 안목을 키우게 된다. 알렉산더는 1년 반의 함부르크 생활을 정리하고 테겔로 돌아와 그의 친구이자 연인인 빌데노프와 식물탐구 여행을 떠난다. 알렉산더는 이 시기에 처음으로 자신이 원하는 공부를 할 수 있도록 허락받는다. 그는 자연을 보다 잘 관찰하고자 프로이센 정부에 광산에서 실습할 수 있도록 허가를 요청하고 1794년 7월 고트롭 베르너가 학장인 프라이부르크 광산대학 학생이 된다. 당시 최고의 수성학 권위자인 아브라함은 알렉산더의 광물학 관찰보고서를 매우 긍정적으로 평가하여 그의 청을 수락한다. 광산대학 학생으로서 다른 광부와 마찬가지로 6시에 일어나 광구로 가서 광산의 문제점들을 공부하고 오후에 이론 실습을 하는 등 이 시기에 육체적으로 많이 단련된다. 알렉산더는 적은 일조량에도 생존하는 광구의 식물들까지 관찰하며 새로운 시각을 제시하는 연구결과를 1793년에 발표한다. 그는 일반적으로 3년이 걸리는 학업을 8개월 만에 마친후, 베를린 광산에서 12개월간 광산연수생으로 일한다. 이곳에서도 그는 귀족 자제라고는 믿기 어려울 만큼 성실함과 끝없는 탐구 열정 및 박식한 지식으로 주변의 이목을 끈다.

빌헬름이 인간의 정신이라는 관점에서 언어를 연구하였다면 알렉산더는 실용적 광물학분야에서 인류 역사의 변천까지 탐구하는 융합적 연구자의 태도를 보였다. 그는 자신이 맡은일을 철저하게 할뿐만 아니라 황산생산, 염전과 도자기 생산 등, 인간의 삶과 관계된 다방면의 문제들을 통해 세상을 이해하려는 노력을 게을리 하지 않았다. 이러한 노력과 결과물을 바탕으로 1792년 8월 안스바흐-바이로이트의 최고 광산감독관이 되고 1년 뒤 광산청장이 된다. 1797년까지 실질적인 채광감독관으로 프랑켄 지역의 채광장을 재조직하고 지하광구를 관찰하고 탐구하여 인간이 살고 있는 또 다른 세계공간을 소개한다. 당시 관료들과는 달리 직접 몸으로 실천하며 열정적으로 광구 및 채광장 환경개선에 기여하고, 광부를 위한 호흡도구와 잘 꺼지지 않는 광구전등 개발 등, 실제적 삶의 문제를 어떻게 하면 개선할 수 있는지에 집중한다. 생명이 위험한 순간도 여러 번 있었지만, 사비를 털어 광부학교를 만들고 교재를 지원하는 등, 그간의 공로를 인정받아 1795년에 최고 광산감독관으로 임명된다. 1792년 그는 관직에 취임하기 전 이미 바이에른, 오스트리아, 쉴레지엔의 염전광산을 위한 개선안을 마련하기도 한다. 알렉산더는 광산과 같은 자연의 구체적 현장에서 인간과 세계를 이해하고자 노력했고 이러한 그의 세상을 바라보는 시각은 광산에서 일하는 광부의 건강을 위해 다각적으로 연구하고 근로환경 개선을 위해 노력한 점에서도 볼 수 있다. 이는 알렉산더가 인본주의적 관점에서 출발하여 그가 알고 있던 모든 지식을 동원하여 호흡도구와 광구 전등을 개발한 것에서도 알 수 있다. 빈에서 이탈리아 출신인 갈바니가 개구리 뒷다리 수축실험을 하였다는 것을 듣고 전류 발견을 위하여 고통스러운 자가실험에 도전한다. 그 결과 「자극된 근육섬유와 신경섬유의 시도」라는 자가실험 결과보고서가 1797년과 1798년 2권의 작품으로 출간된다. 그의 자연과학 실험은 인간과 세계를 이해하기 위한 관찰과 실험이었다는 점에 그 의의가 있으며, 이는 곧 인문학에 바탕을 둔 자연과학자로서의 태도라고 할 수 있다. 알렉산더는 바이로이트에서 라인하르트 폰 헤프텐을 만난다. 이 만남은 그의 인생에 뜻하지 않은 경험으로 세상을 바라보는 또 하나의 새로운 시각을 갖게 되는 계기가 된다. 그는 1794년 12월 헤프텐에게 쓴 편지에서 그의 동성애적 감정을 고백한다. 헤프텐은 1795년 티롤에서 이탈리아 북부, 스위스에 이르는 그의 연구여행에 동참한다.

1796년 2월 난치병을 앓고 있는 어머니를 방문하지만 상태가 조금 호전되자 형제는 각자의 위치로 돌아간다. 몇 달 뒤 빌헬름은 그의 가족들과 함께 북독일로 여행하고, 알렉산더는 프랑켄으로 간다. 훔볼트 형제를 누구보다 사랑하였지만 자신만의 방식을 고집하며 형제들에게 고독한 유년시절을 보내게 한 것처럼 어머니 마리아 엘리자베스 폰 훔볼트는 아이러니하게도 유방암으로 1796년 11월 홀로 죽음을 맞이하게 된다. 알렉산더는 그러나 어머니 사후 아메리카 여행의 꿈을 실현시킬 수 있을 만큼 많은 유산을 받고, 1798년 5월부터 파리에 머무르며 아메리카 탐험을 준비한다. 당시 동맹군 전쟁으로 인해 스페인에서 1799년 6월 쿠바로 항해를 시작한다.

미지의 세계 탐험

알렉산더는 1797년 파리로 이주한 빌헬름의 가족과 함께 지내며 당시 사교계의 핵심인물들 뿐만 아니라 자연과학계의 거장들을 만나거나 프랑스 국립연구소에서 그가 수집한 방대한 도구들에 대하여 강연을 하며 세계탐험을 준비한다. 여기서 유명한 프랑스 보댕 탐험대의 일원이기도 한 젊은 의대생이자 열광적인 식물탐구가이며, 그의 이상적인 여행동반자가 되는 에메 봉플랭을 만나게 된다. 인본주의적 사고방식을 가진 알렉산더는 개방적이고 열린 사고의 태도를 갖고 있는 봉플랭을 만나 탐험에서의 많은 어려움을 함께 극복한다. 그가 5년에 걸친 아마존 탐험을 성공적으로 끝마칠 수 있었던 것은 인간과 세계에 대한 끊임없는 호기심과 자연의 아름다움을 바탕으로 세상을 이해하려는 사명감에서 비롯된 것이다. 이처럼 위험하고 힘든 아마존이라는 밀림에서도 인간을 중시하고 인간들이 사는 세상에 관심을 둔 인문학적 자연과학자였기에 아마존 탐험을 즐기는 것이 가능했다고 할 수 있다. 알렉산더는 약 2년간의 준비기간을 거친 아메리카 탐험에 관해 1801년 2월 하바나에서 빌데노프에게 탐험연구의 범위를 다음과 같이 적고 있다 : "가능한 많은 분야에서 다양하게 관찰한 것을 세상에 소개하고자 한다. 예를 들어 인디안 부족들의 신체적 특징, 언어, 관습, 부족간 거래현황, 도시나 나라의 모습, 농업현황, 산의 높이, 기상학 등." 이러한 목표설정은 단순한 자연과학적 접근이라기보다는 인류학적 접근이라고도 할 수 있다. 그는 탐험 결과물 1권 「지구의 구조」에서 지질학에 대해, 2권 「천문관찰」에서는 위도, 경도, 목성관찰, 굴절에 대해, 3권 「물리와 화학」에서는 대기의 화학적 특성, 습도측정, 전류, 기압계와 병리학적 관찰, 자극성 등, 5권에서는 봉플랭과 공동작업에서 단순한 종의 나열이 아닌 린네 시스템에 입각한 6,000종의 식물표본을 체계적으로 서술하고 열거한다.[59] 그는 정확한 경도와 위도를 측정하기 위해 천문학에 몰두하는데, 그가 배운 모든 학문들은 낯선 나라를 탐험하기 위한 필수 조건들이었다. 알렉산더가 유년기에 습득한 고전어와 칸트에 이르는 다방면의 교양지식과 관찰방식은 미지의 아메리카 대륙의 탐험에서 그 진가를 드러낸다. 특히 칸트의 계몽주의적 도전의식은 탐험에 절대적 영향력을 행사한다. 블루멘바흐에게 배운 해부학은 인류인체의 역사를 관찰할 수 있는 토대를 마련한다. 광산학에서 배운 자연과학적 측량기술을 통해 최초로 남미 최고봉 침보라소 화산활동을 인류 역사의 관점에서 측량하고 기록한다.

---

[59] 18세기 스웨덴의 자연학자 Carl von Linne로서 그대 생물분류학의 창시자이다. 린네는 식물과 동물의 표본을 종(種)으로 분류하고 서로 닮은 종들을 속(屬)이라는 집단으로 묶는다. Wilson. 2005. 32쪽.

● 알렉산더 폰 훔볼트가 직접 그린 침보라소 사진. Krätz, 2000, 100쪽.

　　알렉산더는 식민지의 중심인 에쿠아도르의 수도인 키토에 도착한다. 키토는 지진에서 완전히 회복되지 않아 일행은 주로 화산활동의 결과인 산맥의 생성에 대한 연구결과를 제시하는데, 그는 안데스 산맥에서 6,310미터로 가장 높은 침보라소 화산에 올라 준비한 측량도구로 산을 측량한다. 당시에는 등반에 대한 정보나 특별한 장비가 없었고 고도에 따른 신체의 변화에 대해서도 알려진 바 없었으므로 그는 구토와 어지럼증 때문에 여러 차례 정신을 잃기도 한다. 알렉산더의 무모할 만큼 위험한 탐구열정은 자연의 아름다움을 단순한 자연과학적 연구 대상이 아니라 인간과 세계를 이해하기 위한 수단으로 바라보는 그의 미학적 태도에서 비롯된 것이기에 그 의의가 있다.

알렉산더의 인문학적, 미학적 자연과학 연구태도는 1799년 6월 탐험 시작 전 친구에게 보내는 편지에서 알 수 있다. "지구의 구조에서 어떤 보물을 관찰할 수 있을지! 인간은 좋은 것을 바라고 큰 꿈을 가져야 해. 나머지는 운명에 맡겨야 해."[60] 알렉산더는 "자기 이성적 판단에 따라 행동하라"는 칸트의 긍정적으로 판단하고 사고하며, 인문학과 인류학적 관점에서 아이디어를 얻고 관찰여행을 시작한다. 알렉산더는 여러 가지 악조건으로 아메리카 탐험이 어려웠음에도 불구하고 인류의 발전사에 대한 관심으로 탐구하는 일을 즐겁고 감사하는 마음으로 전하는데, 이러한 그의 태도는 인문학적 자연과학자의 면모를 잘 보여준다고 할 수 있다. 1799년 6월 봉플랑과 함께 아메리카 탐험을 위한 5년간의 여행이 시작된다. 알렉산더의 인류역사에 대한 실천적 관찰에서 그들은 날씨변화, 해류, 천문과 미지의 바다생물을 기록한다. 그는 테네리파에 잠시 정박했을 때도 화산지역의 풍부한 식물계를 관찰하고 암석견본을 수집하며, 천문을 관찰하고 지리적 특성을 측량하는 등 새로운 세상을 소개하기 위한 작업에 전념한다. 낯선 세계의 아름다움을 즐기는 그의 지칠 줄 모르는 자연과학적 탐구자세는 그에게 병약한 유년기가 있었다는 사실이 믿기지 않을 정도였다. 자연의 아름다운 대상을 탐구해 인간과 세계를 보다 깊이 있게 이해하고자 하는 연구태도에서 미학적 자연과학자의 태

---

[60] Alexander von Humboldt, Die Jugendbriefe, 680쪽.

도를 추측할 수 있다. 밀림의 열병과 벌레 등 악조건도 그에게 는 방해물이 되지 않았다. 왜냐하면 그는 자연의 아름다움을 즐 기며 세계를 이해했기 때문에 온갖 벌레와 질병이 많은 아마존 의 자연에서 유럽에서보다 더 건강하다고 적고 있다.[61]

알렉산더는 아메리카 탐험에서 스페인 전도사들로부터 착취 당하고 이용당하는 노예시장의 부당성과 불합리성을 목격하는 데, 이때부터 노예제도와 유대인에게 관심을 갖고 이들을 위해 노력한다. 이러한 사회적 문제에 대한 관심은 그가 얼마나 인 간을 중시하는지 알 수 있는 점인데, 그 원동력은 교양교육을 바탕으로 한 인본주의 사상에 근거한다고 할 수 있다. 아마존 노예시장의 부당성과 불합리성은 다음 그림에서 잘 나타난다.

• 1792. Fore에 의해 묘사된 노예선의 모습. Krätz. 2000. 80쪽.

---

[61] Geier. 2012. 212쪽.

아라야 반도의 염전과 산골지역을 방문하며 열대우림지역에서 아메리카 인디언들을 관찰하고 인디언들이 사용하는 언어의 기원을 캐고자 노력하는 과정에서 알렉산더는 오리노코 강변 예수교가 원주민을 열등한 종족으로 취급하며 징벌을 통해 교화하는 것을 목격한다. 자연과학자로만 알려진 것과는 달리 그는 먼저 낯선 세계의 문제를 인류학적 관점에서 관찰한 후 주변에 일어나는 현상들을 자연과학적 탐구방법으로 분석한다. 또한 아메리카 민족들을 역사적 관점에서 관찰하는데, '야생의, 순수한'이라는 표현을 자주 사용하며 아메리카 부족들의 노동력을 착취하는 스페인 전도자들이 스스로를 세련된 모습으로 포장하는 것을 맹렬히 비판한다. 아메리카인들은 유럽인들과의 만남을 "하늘, 집, 금, 착한 사람, 나쁜 사람"이라는 다섯 단어로 표현하며 그들의 삶이 유럽인으로 인해 얼마나 비극적 상황에 처하게 되었는지 보여주었다.

알렉산더는 샤이마 부족의 의복, 결혼, 수염문화, 하루일과, 위생, 노동, 여성의 지위와 같은 풍속으로부터 샤이마의 언어를 기록한다. 그는 언어연구에 필요한 리스트를 작성하고 샤이마 언어에 대한 단어들과 구문들을 비롯하여 식물, 동물, 광물 외에 아메리카 민족들이 사용하는 모든 단어를 수집한다. 그의 비교언어학 연구에 있어 특징적인 것은 미지의 아메리카 부족들의 언어와 문화를 소개했다는 점이다. 비교언어학 연구에 필요한 자료들은 아메리카 종족의 관찰로부터 수집된다.

다시 말해 알렉산더의 언어학은 인류학적 문제제기의 한 측면에서 문화적인 것을 포괄할 뿐만 아니라 육체적이고 생물학적 차원인 '종족'을 함께 고려한다. 이 점에서 우리는 알렉산더의 인문학적 자연과학자의 통섭 관찰태도를 읽을 수 있다. 그는 자연과학 탐구라 할지라도 종족들에 대한 인문학적 관찰을 부정한다면, 어리석은 일이라고 강조한다. 자연연구가로서 알렉산더에게 '종족'은 인간관찰에 있어 아주 보편적 측면이기도 하다. 또한 그가 인류학적 관점에서 언어관찰을 한 것은 인문학적 교양교육의 영향이라 할 수 있다.

알렉산더는 자연과학적 방법론에 의거하여 분석하지만 교양교육의 인문학적 소양을 바탕으로 활발한 저술활동을 한 것으로 유명하다. 이러한 저술활동의 원동력 역시 교양교육이라 할 수 있다. 알렉산더는 여행보고서 「역사적 관계 Relation historique」에서 아메리카 여행경로를 서술한다.[62] 여행보고서를 시작하기 전에 1권 9장에서 아메리카 민족들의 공통기원에 대한 질문, 그들의 관습, 언어에 대해 집중하며 인류역사를 가능한 좀 더 가까이서 이해하려고 시도한다. "여행을 하면 할수록 단순히 자연에 대한 관심보다 역사학적·인류학적 관심사에 점점 더 빠져 든다. 아메리카 종족의 내면으로 들어갈수록 물리적 세계현상에 대한 관심이 종족의 관심을 능가한다." 이

---

[62] Alexander von Humboldt. Relation historique. Paris. 1825.

부분은 알렉산더가 인류학과 인간의 역사, 문화에 관심이 많았다는 것을 잘 표현한다. 그는 자연과학자이기 이전에 인간의 발전사, 인류의 변천사 관찰에 우선순위를 둔 인문학적 자연과학자이기도 하다. 아메리카 탐험에서 먼저 민족을 인류학 및 고고학적 방식으로 관찰한 뒤, 주변 환경을 자연과학적 기술로 관찰하는 방식에서 융·복합의 자연과학자 면모를 알 수 있다.

1801년 알렉산더는 빌데노프에게 쓴 편지에서 자신의 식물표본집과 기록물들의 분실에 대해 걱정하고 그들의 무사귀환이 가능할지에 대한 두려움을 적고 있다. "송진, 타르가 식물상자를 망치고 유럽에서 고안해 낸 어떤 기술도 도움이 되지 않고 우리는 지쳐간다. 서너 달 관리하지 않으면 수집된 식물들은 쓸모없게 되고 8개 중 5개는 버려야 되는 실정이다." 그는 자연의 아름다움을 수집한 결과물이 손실되는 데 대한 안타까움을 표현한다. 일행은 식물표본집과 기록물들을 프랑스로, 일부는 미국을 경유하여 영국으로 보내고 일부는 나중에 찾기 위해 안전한 곳에 맡겨두고, 이미 보낸 기록물과 편지들의 복사물을 만든다. 이러한 염려는 기우가 아니었다. 1803년 그가 쿠바에서 유럽으로 보낸 수집품들이 사라지고, 남미의 습도 높은 기후 때문에 식물상자 수집품 일부가 부패하고 매일같이 벌레들이 종이와 식물을 손상시켰다.

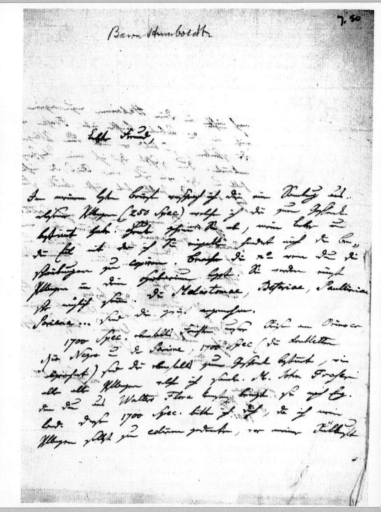

• 빌데노프에게 보내는 알렉산더 폰 훔볼트 자필 편지. 1801년 3월 4일 하바나에서. Alexander von Humboldt, Briefe aus Amerika, 1799–1804, 1993, 132쪽.

알렉산더의 위대한 업적은 그의 자연과학적 탐구에서 나타나는 인문학적 태도, 입장, 방법과 같은 통섭적 노력이라 할 수 있다. 알렉산더는 1802년 태평양연안 페루 수도인 리마에서 고대 왕궁터와 거리를 관찰하며, 잉카문명의 언어를 배우고 나서야, 아마존의 수맥을 지나 에쿠아도르 페루 해안 앞에서 분화석을 연구하였다. 그는 자연관찰을 하나의 놀이처럼 즐거움으로 여기며, 정박하는 짧은 시간도 놀이에 집중하였다. 1802년 10월 리마에서 그들의 두 번째 여행단계를 끝내고, 그해 12월 일행은 에쿠아도르 항해에서 후일 "훔볼트 조류"라 불리는 냉류를 측정한다. 이곳에서 일행이 유럽으로 보냈던 식물과 광물, 조개류들의 수집품들이 도착하지 않은 것을 알고 이때부터 그들은 보물같은 소장품을 항상 지니고 다닌다. 1803년 3월부터 1년간 알렉산더는 멕시코의 화산과 은광뿐만 아니라 역사, 정치 기록문헌 자료를 수집한다. 알렉산더의 업적은 이와 같이 언어, 문화, 역사 부분에서도 괄목할 만한 성과를 보인다. 그는 북미를 방문하고 미국대통령을 만나 자유를 위한 그의 투쟁에 경의를 표시할 만큼 진취적이었다. 알렉산더는 그의 통섭 지식을 바탕으로 한 방대한 자연과학적 탐험결과물과 인문학적 언어자료 연구로 미국 철학협회의 열렬한 환영을 받고 협회 회원으로 추대받는다. 1804년 7월 알렉산더 일행은 35개 상자의 탐험 결과물과 함께 유럽에 도착하고 1804년 8월 프랑스 보르도에 이른다. 6,000마일을 항해했고 마리아 폰 훔볼트에게 상속받은 알렉산더의 재산 중 1/3이 소비된다. 그러나 그는 어떠한 어려움에도 굴복하지 않고 도전한 미지의 세계에 대한 개척정신과 인문학적 자연과학 탐구 결과물로 전 세계적 명성을 얻는다.

1804년 8월 열렬한 환영 속에 알렉산더는 봉플랑과 파리로 돌아온다. 여기서 알렉산더가 독일이 아닌 파리를 선택한 것은 독일의 입장에서 보면 비판과 논란의 여지를 제공한다. 그러나 칸트와 괴테의 세계시민적 관점에서 보자면 그의 선택을 통해 자연과학뿐만 아니라 인문학, 인류학, 고고학적 발전에 오히려 많은 기여를 하였다는 점이 중요하다. 그가 가져온 35개의 상자는 파리 연구소, 학회, 예술가, 연구가 등 다양한 기관과 전문가들에 의해 기록물로 남겨진다. 만일 알렉산더가 프로이센으로 그의 수집물과 기록물을 전달했다면 다른 결과를 가져왔을 수도 있을 것이다. 알렉산더는 프로이센 왕에게 혁명 후 파리를 연구할 수 있도록 청하여 파리에 머물면서 총 30권에 달하는 탐험기를 출간한다. 탐험기는 불어로 쓰여져 독일어로 번역되었고, 자비로 식물학, 동물학, 지질학, 천문학, 기상학, 식물지리학, 쿠바, 멕시코, 오늘의 베네수엘라에 관한 연구기록문을 출판한다. 파리에 머물면서 그는 빌헬름의 후임 장관으로 프로이센 정부로부터 여러 차례 제안을 받지만 아메리카 탐험결과를 정리하기 위하여 이를 고사한다. 특히 1804년 나폴레옹이 즉위 후 프로이센과 프랑스는 1806년 전쟁을 선언하고 1806년 10월 예나와 아우어스테트가 점령당하자 그의 정치적 입장도 어려워진다. 10월 프랑스 야전사령관이 베를린으로 진입하고 프로이센 정부는 쾨니히스베르크로 옮겨가는 등 프로이센과 프랑스의 적대적 관계로 인해 알렉산더는 모든 관직을 거절한다.

1811년 러시아정부는 알렉산더를 아시아탐험에 초대한다. 1812년 1월 그는 스페인어를 배운 것처럼 러시아를 배워 아시아 지역을 탐구하고자 하나 그해 나폴레옹이 러시아와 전쟁을 시작하고, 1814년 3월 연합군이 파리를 점령했을 때 알렉산더는 학문기관을 전쟁의 참화로부터 보호하고자 중재자역할을 맡는다. 다방면의 박식한 학자 및 달변가로 프로이센의 프리드리히 3세를 도운 것을 인정받아 1827년까지 프로이센의 외교업무를 맡게 된다. 이미 남미탐험과 30권의 저술비용으로 재산을 거의 탕진하였으므로 러시아 및 아시아탐험을 위해 그는 외교관으로서 다양한 인맥을 활용하고자 프리드리히 빌헬름 3세의 시종을 비롯하여 다양한 관직을 수행하며 베를린 사교계의 중심 역할을 한다. 알렉산더가 60의 나이로 러시아 탐험을 시도한 것은 그의 인문학적 자연과학자로의 태도를 잘 보여준다고 할 수 있다. 왜냐하면 알렉산더는 러시아라는 새로운 세계를 탐험하여 인간과 세계를 이해할 수 있는 또 하나의 시각을 제시하고자 하였기 때문이다. 그가 러시아 지역의 역사와 발전사에 관심을 갖고 이를 자연과학적 방법으로 관찰하여 세계를 이해하기 위한 노력을 하였다는 점에서 인문학에 바탕을 둔 융·복합형 자연과학자라 할 수 있다. 그는 1829년 60세의 나이로 우랄, 시베리아 지역 광산 감독관으로 동물학자와, 식물학자, 화학자, 광물학자를 대동하고 러시아 탐험에 참여한다. 러시아 탐험기간이 8개월로 줄어들면서 러시아, 시베리아 지역을 벗어나지 못하여 고대하던 아시아 탐험은 성공하지 못한다. 그러나 그는 러시아의 노예제도 등 끔찍한 상황들을 목격하였고, 이 여행은 노예제도 개선을 위하여 그의 삶이 다할 때까지 노력하는 계기가 된다.

보편성과 다양성

1804년 8월 알렉산더는 탐험 수집물인 아메리카 부족언어의 문법책과 사전들을 가지고 귀국한다. 책들과 문서들은 열대지방의 기후로 보존이 쉽지 않았기 때문에 그 양은 많지 않았으나, 비교언어연구의 초석을 제공하였다는 점에서 그 의의는 매우 크다. 그는 선교자들에 의해 만들어진 사전들과 문법책들을 수집하고 그들이 만난 민족들의 단어들과 언어유형들을 직접 목록화하였다. 알렉산더가 인문학적 자연과학자로서 아메리카 여행에서 수집한 언어소장품은 19세기 언어학 생성연구에 결정적 연구자료를 제공하는데, 이것은 언어에 관심이 많은 형 빌헬름을 위해 수집한 언어관련 자료들이다. 왜냐하면 빌헬름 역시 이 시기에 바스크족 언어에 집중하고 있었기 때문이다. 바스크족 언어연구로 인한 새로운 세계에 대한 빌헬름의 경험은 알렉산더가 중남미 원시림 부족어에서 느꼈던 낯선 만남과 비교할 수 있다. 두 형제에게 타 부족언어와의 만남은 그들의 정신, 그리고 영혼과의 만남이었다. 알렉산더는 이러한 열대지역에서의 경험을 최대한 유럽에 전하기 위해 통섭적 지식과 관찰방법을 동원하여 모든 것을 수집한다. 반면에 빌헬름에게 언어의 원시림은 바스크족 인어이다. 그는 바스크족 언어에서 언어의 보편성과 본질을 찾아내고자 하였으며 아메리카 언어 수집물들은 아메리카 비교언어연구를 위한 기초를 제공하였다. 그는 로마에서 아메리카를 다녀온 예수회 선교사를 통해 아메리카 언어에 대해 관심을 가지게 되고, 예수교 신부 헤르바의 아메리카 언어자료를 보충하여 1812년 저술을 시작하지만 다른 저술활동의 경우처럼 완성하지는 못한다. 그의 미완성원고들은 알렉산더의 불어 여행기록물인 「신대륙 언어에 대한 에세이」에서 새로운 언어학에 대한 포괄적인 스케치로 남아 있다. 이 시기에 알렉산더는 아메리카 여행을 마치고 1805년 6월부터 9월까지 로마에 머무른다. 그는 진귀한 자연의 수집물들과 함께 아메리카 언어들의 문법서와 사전들을 가져왔으며 탐험동안 자연에 대해서뿐만 아니라 아메리카 민족들의 문화에도 관심을 가진다. "카리브해 언어는 아름답고, 열정적이며 잘 다듬어졌고, 그 언어는 아주 풍부해서 '후손, 영원, 존재' 등과 같은 추상적인 개념을 표현하거나 숫자조합을 표현하는 데 있어 결코 모자라지 않았다. 특히 잉카언어는 아주 섬세하고 다양한 어법을 많이 갖고 있어 젊은 사람들이 여자들을 칭찬하거나 기쁘게 하려할 때도 잉카어로 말한다. 이 두 언어를 비롯해서 많은 다른 언어들은 스페인이 1492년에 아메리카를 발견하기 훨씬 이전에 아메리카가 이미 찬란한 문화를 가졌다는 것을 증명하기에 충분할 것이다." 이 편지는 알렉산더가 1802년 11월 리카에서 빌헬름에게 쓴 편지 내용이다. 알렉산더가 아메리카 언어 관찰에서 모았던 수집물은 빌헬름의 아메리카-프로젝트를 위한 수집물일 뿐만 아니라 언어학의 혁명을 일으키는 시발점이 되었고 언어학적이며, 인류학적인 사고의 토대를 마련하는 계기가 된다.

알렉산더가 아메리카 탐험에서 가져온 언어자료들은 또한 근대 언어학 생성에 결정적 기여를 한다. 그는 언어관련 자료들을 수집하였을 뿐 아니라 아메리카 여행에서 만났던 언어들을 열심히 기록하여 그때까지 유럽에 잘 알려져 있지 않던 미지의 언어를 소개하고 유럽어와는 다른 체계를 가진 언어 또한 존재한다는 사실을 알림으로써 언어의 다양성을 제시하는 데 기여한다. 이러한 언어의 다양성은 비교언어학 연구에 절대적인 공헌을 하였으며 그를 언어학자로 인정받게 한다. 그는 탐험결과서인 「역사적 관계」에서 아메리카 부족언어들을 최대한 자세히 소개한다. 특히 아메리카 부족언어에서 나타나는 문화적·종교적·인종적 특징과 관련된 자료수집은 역사 비교언어학 연구에서 획기적인 자료로 이용된다. 알렉산더는 또한 언어의 구조적 차이 때문에 아메리카 부족들이 유럽어보다 다른 아메리카 부족언어를 더 잘 습득한다는 사실과, 해당 민족의 어휘가 문화적 현상들과 밀접한 관계가 있다는 것을 발견한다. 이러한 분석은 형 빌헬름의 언어분석 입장과 긴밀한 교류를 통해 이루어진다. 일반적으로 언어학 연구라고 하면 빌헬름의 비교언어학 연구를 떠올린다. 그러나 알렉산더가 빌헬름의 비교언어학 연구를 가능할 수 있도록 자료를 제공하고 언어학 발전에 기여하였다는 것은 잘 알려져 있지 않으므로 그의 언어학 연구에 대한 기여도와 그의 언어관을 살펴보는 것 또한 중요하다.

알렉산더는 우선 언어의 인식적 깊이에 대한 관찰, 즉 언어와 사고의 관계를 먼저 관찰한다. 이러한 관찰방식은 베이컨 이후 언어연구의 핵심영역이라고 할 수 있다 : "인간의 개성이 언어에 반영된다면, 이것은 관념과 감정에도 작용한다. 언어사이의 내적 결속은 민족의 다양성을 유지하게 한다. 이러한 움직임의 원천은 정신세계의 생명력을 의미한다."[63] 언어와 사고에는 육체라는 제3의 요인이 작용한다. 그가 아메리카

---

[63] Trabant, 2012, 83쪽.

언어에서 관찰하기 시작한 인식론적 배경은 인디언들이 왜 자신들의 언어에서 겪는 소통의 어려움을 스페인어와 같은 다른 언어습득을 통해 극복하려 했는지, 다른 아메리카 부족언어를 습득하는 것이 그들에게 쉬운지에 대한 질문이었다. 아메리카 인디언들이 상당한 지능을 보유하고 있음이 틀림없다는 그의 확신은 스페인어와 아메리카 부족언어 사이에 구조적 차이가 있다는 사실에서 확인된다. 그는 아메리카 언어들이 외적으로 비록 상이한 어휘들을 가졌지만 쉴레겔이 "내적 구조"라고 일컫는 유사한 문법 구조를 갖고 있으며 모두 동일한 형태를 가졌다고 전제한다. 따라서 유사한 문법구조와 같은 언어의 유사성 때문에 다른 아메리카 부족언어를 쉽게 습득할 수 있지만, 굴절이 나타나는 유럽언어는 언어구조의 차이로 인해 습득하기 어렵다는 것을 발견한다. 아메리카 부족들의 언어구조가 서로 유사하지만, 라틴어 계통의 유럽어와는 강한 대조를 보이기 때문에 아메리카 인디언들이 유럽의 언어보다 아메리카 언어를 더 쉽게 습득한다는 것을 알아내고, 그는 언어의 구조와 조직이 인종과 관계있으며 이러한 언어구조를 통해 아메리카 언어와 유럽언어를 비교할 수 있다고 보았다. 빌헬름은 민족 언어의 내적 구조가 기후, 관습, 풍속과 같은 한 민족의 삶의 총체적 조건과 밀접한 관련이 있으며, 자의적인 행위의 산물이 아닌 생물학적으로 제한된 선천적인 규칙과 원칙 같은 정신문화와 밀접한 관련이 있으며, 언어가 자의적 관습의 결과가 아니라 활용구조, 문법형태 등, 사고를 형성하는 내적 조직에서 출발한다고 강조하였다. 인간에게는 동일한 인종에 속하지 않는 각 민족들에게 다양하게 각인되는 본능적인 규칙과 원칙이 있는데, 빌헬름은 이를 한 민족의 정신문화인 개성으로 명명한다. 반면에 아메리카 부족언어에 대한 관심으로부터 알렉산더가 부족들의 언어가 상이하지만 동일한 문법을 가진다는 것을 발견하였다는 것은 언어의 보편성 발견이라 할 수 있다. 이러한 확신을 근거로 알렉산더는 샤이마 언어의 문법 스케치에서 모든 아메리카 언어의 "내적 구조" 즉 문법의 구조가 유사하고 모든 아메리카 부족언어들이 동일한 외적 형식을 지닌다면 샤이마 언어를 대표 언어로 서술하는 것이 충분히 타당하다고 주장한다. 「역사적 관계」 9장의 부록에 첨부한 단어목록에서 이러한 언어의 개성이 잘 나타난다. 알렉산더는 문법적 스케치에서 인칭대명사, 동사, 전치사와 부정사, 복수, 단어어순 : 목적어-동사-주어, 음운론적 특징들을 강조한다. 그는 언어의 내적 구조를 설명하는 문법스케치에서 언어학적으로 가장 중요한 문법형태소와 어휘형태소의 굴절현상과 교착현상을 규명한다.[64] 아메리카 부족언어들의 합성된 형태들을 구조적으로 분석하고자 "접사가 있는 언어"와 "굴절어미가

---

[64] 굴절현상은 둘 이상의 것이 합쳐져서 하나가 되는 현상으로 동사와 같은 어형에 다양한 어미 형태소가 합쳐져서 문장내 문법역할 관계를 설명하는 현상이다. 교착현상은 의미를 가진 단어 또는 어간에 문법기능을 가진 형태소들이 차례로 결합하며 문법관계를 나타내는 현상이다.

있는 언어"와 같은 쉴레겔식 분류관점과 달리 아메리카 부족어와 유럽어와의 내적구조상의 차이점을 밝힌다.

당시 스페인은 종교 전도사업을 활발히 하고 있었다. 따라서 인디언들은 스페인어를 배워야만 했는데 알렉산더는 인디언들이 스페인어를 쉽게 습득하지 못하는 이유를 아메리카 언어와 유럽 언어사이의 구조적인 차이에서 발견한다. 그러나 알렉산더는 아메리카 부족어와 유럽어 사이에 구조적인 차이점이 있다는 것에는 동의하지만 쉴레겔식 분류에 전적으로 동의하지는 않는다. 왜냐하면 쉴레겔은 유럽어에 비해 아메리카 부족언어에서 그리스어와 같은 동사굴절이 나타나지 않는다는 이유로 아메리카 부족어를 미개어로 분류했기 때문이다. 알렉산더는 쉴레겔의 분류방식에 따른 언어와 사고의 관계에 대해 완전히 다른 평가기준을 제시하며 이의를 제기한다. 이는 빌헬름의 입장과 일치하는데, 그는 쉴레겔이 언어별 문법차이라는 관점에서 유럽어와 아메리카 부족어를 "인간적 언어와 동물적 언어, 정신적 언어와 미개한 언어"라는 두 계층으로 나누어 언어와 한 민족의 사고방식을 구분하는 것을 비판한다. 이러한 언어와 사고를 구분하는 분류방식은 알렉산더의 인문학을 바탕으로 하는 통섭의 관찰방식에 어긋나는 것이었다. 그는 "언어에서나 자연현상에서 완전히 고립된 것이나 유사하지 않는 것이 없다"고 밝힌다. 따라서 샤이마 언어에서 나타나는 합체현상이나 교착현상으로 바스크족 언어와 같은 고대 언어

를 비교할 수 있으며 언어의 내적구조에만 집중하면 언어가
가지는 정신적 특징들을 놓치게 될 수 있다고 비판한다 : "우
리가 언어분류에 대한 어떠한 단일하고도 절대적인 원칙을 가
정하지 않는다면, 그 언어의 실제 현상에서 한편으로는 굴절
현상에 대한 경향을, 다른 한편으로는 교착현상에 대한 경향
을 제시할 수 있다." 이러한 알렉산더의 언어관찰은 전 세계
공간을 인류학의 공간이라 명명하고 근거리의 인식과 원거리
의 인식을 통한 "세계시민으로서 인간의 통찰"을 강조한 칸트
의 영향으로 볼 수 있으며 인문학적 자연과학에 기초한 통섭
의 관찰방식이라 할 수 있다. 알렉산더는 개별 언어의 구조를
굴절과 첨가의 방식으로만 분류하는 쉴레겔식 언어 구분방식
을 경계한다. 그는 다양한 언어들의 구조를 연구하면 할수록
통합적이고 분석적인 언어들의 이분법을 통한 언어구분은 논
란의 여지가 있으며 신뢰할 수 없는 단순한 분류라고 비판한
다. 알렉산더는 언어들을 단순히 문법체계로만 분류하는 것을
식물들을 종으로 분류하는 것과 비교하며 문법체계에 따른 쉴
레겔식 언어분류에 반대하는데, 쉴레겔이 굴절어와 첨가어를
바탕으로 아메리카 부족어를 유럽어와 차별하였기 때문이다.
알렉산더는 한 민족의 언어를 문화와 개성에 따라 서술하는
것이 중요하며 단순히 문법체계의 발달정도에 따라 평가하는
것과, 식물과 같은 자연대상의 분류방식처럼 언어를 분류하는
것을 거부하여야 한다고 강조한다. 왜냐하면 언어는 한민족의

정신활동이며 개성이 드러나는 것이기 때문이다. 이러한 알렉산더의 언어관찰방식은 자연과학과 인문학이 융합된 통섭적 관찰방식이라 볼 수 있다.

알렉산더는 사고에 대한 언어의 영향력 문제를 샤이마인들의 '숫자' 개념으로 설명한다. 그는 샤이마인들이 숫자와 관련해 가장 큰 어려움을 가지며, 이러한 어려움이 그들의 언어와 관련이 있는지 의심하지만 언어가 수학적 사고를 결정한다는 어떠한 증거도 발견하지 못한다. 그러나 경우에 따라 언어가 이를 사용하는 민족들의 사고력보다 더 풍부하게 나타나며, 그는 "거의 모든 언어에서 이 언어를 구사하는 민족들의 미개함보다는 각 언어에서 나타나는 더 많은 풍요로움과 섬세한 뉘앙스를 확인할 수 있다"고 확신한다. 언어는 전적으로 다양한 정신작용의 산물이기에 언어의 내적구조에 대한 연구는 아주 흥미롭다. 언어의 내적구조는 사고에 영향을 끼치지만 사고를 자유롭게 할 수 없을 만큼 제한적인 것은 아니다. 달리 말하면 사고와 문화의 공간은 언어의 인지적 공간보다 더 광범위하다. 이러한 맥락에서 그는 언어구조의 문제를 문화적이고 정신적인 관점에서 이해하며 인문학적 자연과학의 관점에서 관찰한다. 알렉산더는 아메리카 부족어의 구조적 특징이 문화적 발전을 방해하는지에 대해 유럽어와 비교하면서 의문을 갖는다. 알렉산더는 샤이마 언어의 경우에서와 같이 개별 언어에서 나타나는 개성의 관찰에만 몰두한 것은 아니다. 민족들의 개성을 찾을 수 있는 어휘들에서 언급된 어휘들의 목록과 관용구들을 구분하기도 하나, 이 언어목록들은 언어에 대한 정보라기보다는 샤이마 부족들의 삶이나 탐험에 대한 정보를 더 많이 제공한다. 수집된 어휘목록들은 "나와 너, 성구분, 친척관계, 날씨현상, 가장 중요하고 귀찮은 동물들, 직무수행, 매일의 일"과 같은 그 부족의 역사를 소개한다. 이는 어휘 중심의 언어학적 관찰이라기보다는 미래 여행자를 위한 정보로서 더 가치가 있으므로 언어의 개성에 대한 설명으로는 적합하지 않다. 이런 이유로 부록뿐만 아니라 텍스트에서 조차 알렉산더는 아메리카 언어관찰을 언어의 개성으로 표현하는 것을 조심스러워 한다. 왜냐하면 그는 아메리카 부족언어를 기념물처럼 관찰했기 때문이다. 아메리카 부족어들에 대한 언어학적 연구보다는 세계시민으로서 인간을 관찰한다는 관점에서 인류의 지적 능력 발전에 대한 증거자료로 언어를 관찰하였기에, 빌헬름의 관점과는 본질적 차이점을 보인다.

알렉산더는 1825년 「코스모스」 3권에서 아메리카 부족언어들이 마치 원석과 같은 고유한 가치를 지니고 있다고 고백하는데 이는 빌헬름이 아메리카 부족언어에 대한 연구를 시작하게 하는 데 영향을 끼친다. 알렉산더는 1820년 아카데미 강연에서 가장 원시적인 민족의 방언과 그 언어의 내적관계를 연구하는 일을 "자연의 가장 고귀한 작업"으로 칭송한다. 그는 "교양있는, 즉 '문학적인 언어'만 연구할 뿐 아니라, '미개한 언어'의 구조와 내적조직에 대해 관찰하는 것이 가치가 있으며, 이에 대한 자연과학적 근거로서 식물학자는 유용한 문화식물뿐만 아니라 모든 식물에 관심을 가져야 하며, 자연을 인식하기 위하여 모든 자연 현상과 형태를 알아야 하는 것처럼, 언어를 이해하기 위해 모든 언어를 공부해야만 한다"고 주장한다. 그는 자연과학의 보편성을 확인하기 위하여 모든 지식이 필요한 것처럼 언어학의 보편적 관점이 언어특성의 구조분석에서 명백해질 수 있도록 언어학에서도 식물학의 개체들처럼 모든 민족들의 언어를 관찰할 것을 강조한다. 그는 민족과 언어라는 인문학적 자료에서도 언어가 갖는 특성을 바탕으로 세계를 이해하려는 연구자의 태도를 보인다. 알렉산더의 다양성과 보편성을 추구하는 언어이해 방식은 비교언어학 연구의 시금석이 된다. 알렉산더의 「인간문화의 다양성과 식물종의 비교」는 언어학자들로부터 특별한 주의를 끌고 있다. 풍부한 인문학적 자료를 바탕으로 무엇을 위해 언어구조가 사용되어질 수 있는지를 잘 알 수 있게 하기 때문이다.

교양교육으로 돌아오다

알렉산더는 빌헬름의 주선으로 1794년 3월 괴테, 쉴러와 친분을 갖게 되는데 쉴러보다 괴테와 더 가깝게 교류한다. 괴테의 형태학은 그의 「코스모스 Kosmos」에 영향을 준다. 쉴러는 알렉산더가 「호렌 die Horen(계절의 여왕)」 잡지에 투고하도록 격려하였으나 1795년 그의 출판물인 「당대의 창조정신」에 대해서는 아주 부정적인 입장을 보인다. 알렉산더는 그의 유일한 철학 출판물에서 유기적인 세계를 무기적인 세계와 구분하는 비탈리즘을 비유적으로 표현한다. 그는 이 논문을 「코스모스」의 세 번째 출판물에서 소개한다.

알렉산더는 빌헬름의 교육모델을 바탕으로 1827/28년 베를린에서 「코스모스」 강연을 시작한다. 그는 5년간 미지의 탐험에서 감각적으로 느낀 자연의 아름다움을 인간과 세계를 이해하기 위한 관점에서 「코스모스」에 기록한다. 여기서 자연과학자로서 아메리카라는 미지의 세계를 관찰한 것과 인문학적 관점에서, 즉 사람 사는 세상의 아름다움을 자연과학적 방법으로 즐기며 관찰하는 새로운 통섭의 관점을 제시한다. 1827년 11월부터 1828년 4월까지 베를린 아카데미에서 아메리카탐험에 대해 강연하는데, 입소문을 통해 이 행사는 곧 사회적 이슈가 되고 61개 대학에서 교양강의를 하게 된다. 남녀노소, 전공의 구분 없이 수많은 학자와 학생들이 새로운 세계에 대한 지식을 소개하는 그의 강연을 듣고자 몰려든다. 그의 미학적이며 인문학적인 자연과학 강연은 곧 프랑스와 런던에도 알려져 큰 관심과 주목을 받게 되고, 프로이센 왕, 정치인, 학자, 시민까지 열광적으로 그의 강의를 듣고자 몰려드는 바람에 강연장

● 베를린 아카데미에서 개최된 알렉산더 폰 훔볼트의 「코스모스」 강연 모습. Krätz. 2000. 151쪽.

을 시청으로 옮기기까지 하였다. 왕, 귀족, 수공업자, 여자들 등 다양한 계층의 청중들이 참석한 그의 강연은 베를린의 가장 큰 강당에서 개최된다. 당시 베를린에서 가장 큰 강연장에 모인 800명의 관중 앞에서 알렉산더는 "천지만물, 위성체계, 지구내부의 구조, 산맥, 원시시대의 동물들, 지구의 대기와 수맥, 지구의 기후, 동식물의 지리학적 분포, 노예제도의 선입견, 물리, 화학, 천문학" 등에 대해 강연한다. 그는 아메리카를 비롯한 새로운 세계를 소개하고 우주와 지구의 조화라는 자연과학의 문제를 인간과 세계의 이해라는 관점에서 설명한다. 그는 첫 번째 「코스모스」 단행본인 「자연의 풍광」 강연을 통해 세계 보편지식을 가진 교양인으로 명성을 얻는다. 「코스모스」는 코타가 그의 강연내용을 출판하자는 제안을 하여, 대학 강의록을 모아 정리한 결과물이기도 하다. 이렇게 정리된 원고는 1845년 「코스모스 대학 강연록」으로 출간되고, 두 번째 출간된 「코스모스」 강연록에서 후기 계몽주의 인류학과 대학 역사 등이 소개된다. 이후 알렉산더는 국가 영웅으로서 추앙받고 방대한 자연과학 및 세계 보편교양지식의 상징이 된다. 그는 18세기 후반부터 19세기 중반까지 생물학, 인류학, 심리학, 교육학, 철학, 미학, 언어, 사회, 역사에 관한 연구로 국가에 지대한 영향력을 행사한다. 또한 「코스모스」 강연을 통해 최초로 성인교육, 사회교육의 필요성을 역설한 인물로서도 높이 평가할 수 있다. 알렉산더는 75세 때 「우주, 자연을 통한 세계 묘사」라는 제목의 책을 출간하나 마지막 「코스모스」 5권은 사후에 출간된다.

러시아 탐험에서 돌아온 후 아메리카와 러시아 탐험관련 저술활동과 베를린에서 연설했던 「코스모스」 강연록을 정리하는 한편, 왕의 시종으로서 바쁜 나날을 보낸다. 이후 1837년과 1842년 「러시아 탐험기록서」가 두 권으로 출간된다. 1856년까지 그는 프로이센의 두 왕인 프리드리히 빌헬름 3세와 4세의 친구로, 조언자로, 시종으로 관직을 수행한다. 1857년 프리드

리히 빌헬름 4세가 뇌졸중으로 쓰러져 왕위를 이어갈 수 없게
되자 시종으로서 그의 임기를 마무리한다. 이때 그의 건강상
태 역시 심각해졌으나 그런 상황에서도 1857년 노예제도에 대
한 법률을 공포하는데 "프로이센 땅에 발을 들여놓는 모든 노
예는 자유인이다"라고 선언한다. 알렉산더는 유대인들의 평등
을 위해서도 최선을 다한다. 1858년 10월 독감에 걸려 거의 회
복하기 힘든 상태에 이르지만, 마지막 남은 힘으로 그의 마지
막 인문학적 자연탐구의 결과물인 「코스모스」를 마무리한다.
1859년 4월 말에 자리에 눕게 되고 1859년 5월 6일 영면한다.
베를린에서 테겔까지 장례행렬에 프로이센 황태자가 동행한다.

5. 왜 인문학인가?

• 오늘날의 훔볼트 위상. Holl, 1999, 21쪽.

인문학에 바탕을 둔 학문적 성과에서 두 형제는 21세기에도 여전히 우리가 경청해야 할 메시지를 전하고 있다. 훔볼트 형제는 유년기부터 고고학, 인류학, 철학, 역사, 법률, 의학, 광산학, 생물학, 지리학, 해부학 등 다 열거할 수도 없는 많은 학문 분야에서 통합적 지식을 배운다. 특히 인문학의 대가로 알려진 빌헬름과 자연과학자로 알려진 알렉산더의 인문학과 자연과학의 경계를 넘나드는 연구방법이 그들의 성과에 어떤 영향을 주었는가 하는 관점에서 그들의 삶의 업적을 살펴보고자 하였다. 인문학과 자연과학 분야에 탁월한 성과를 낸 형제가 서로의 학문영역을 존중하고 긴밀한 학문적 동지로 유대관계를 이루며 각자의 학문을 상호보완하며 발전시킨 점이 바로 인문학적 통섭 학문의 태도라 할 수 있으며, 이 점이 융·복합과 세계화시대를 살아가는 우리가 주목해야 하는 흥미로운 부분이라 할 수 있다. 물론 어머니로부터 물려받은 유산을 통한 재정적 독립으로 훔볼트 형제는 국가나 특정 직업의 의무로부터 자유로울 수 있었고, 학문적 관심사에 따라 여행할 수 있었다. 그러나 중요한 점은 형제가 풍족한 환경에 자족하지 않았다는 것이다. 형제는 칸트의 계몽주의 이념 하에 보다 진보된 세계인식에 도달하고자 끊임없는 지적 호기심으로 배우고 도전하였으며, 각자의 방식으로 인간과 세계를 이해하려는 노력을 게을리 하지 않았다. 형제의 이러한 삶과 학문의 태도는 글로벌 시대 우리가 배워야 할 자세라고 볼 수 있다.

인문학을 바탕으로 한 지식통합의 예는 오늘날 현대인의 필수품이라고 할 수 있는 스마트폰에서 살펴볼 수 있다. 스마트폰은 다양한 응용프로그램인 '앱'으로 인해 지금까지 '대화의 수단'으로 사용되던 개념에서 하나의 작은 사무실과 같은 기능까지 하고 있다. 물론 스마트폰의 기기와 같은 기술적 발전 역시 간과될 수 없는 부분이지만 다양한 응용시스템을 가능하게 하는 콘텐츠의 발전이 없었다면, 스마트폰은 우리의 삶의 일부분이 되어버린 것과 달리 생활에 필요한 기기의 차원에 머무를 수밖에 없었을 것이다. 여기서 스마트폰의 브레인 역할을 하는 콘텐츠의 원천이 인문학이라는 것을 간과해서는 안 될 것이다. 인문학을 바탕으로 한 창조적 아이디어가 개발되지 않았다면 스마트폰 역시 기존의 휴대폰과 같이 단순히 대화 및 단문메시지 교환의 도구에 지나지 않았을 것이다. 아울러 모든 응용프로그램의 아이디어는 감히 인문학적 상상력에서 나온다고 할 수 있다. 심지어 소프트웨어 역시 인문학적 배경으로 발전할 수 있다고 본다. 왜냐하면, 인간이 사용하는 도구이므로 어떻게 하면 인간에게 유용한 도구가 될 수 있을까라는 인문학적 발상에서 진정으로 우리에게 유용한 다양한 응용프로그램들이 태어날 수 있다고 본다. 스마트폰 디자인의 아름다움이나 예술성이 인간과 세계를 이해하는 인문학적 바탕에서 이루어질 때 더욱 더 가치를 발휘할 수 있다는 것이다. 물론 소프트웨어 기술과 콘텐츠 기술은 서로 별개일 수 있다.

그러나 두 기술개발의 궁극적 목표 역시 인간과 세계를 보다 잘 연결하고자 하는 점에서 그 의의가 있다고 할 수 있다. 소프트웨어나 콘텐츠개발에서 요구되는 미학적 인식은 인문학의 바탕에서 가능한데, 소프트웨어 기술만으로는 인간의 세계를 설명하기 어렵고, 마찬가지로 소프트웨어 없는 콘텐츠 개발 역시 인간과 세계를 연결하고자 하는 현대인들의 기대치를 충족시키지 못할 것이기 때문이다. 따라서 인문학을 바탕으로 한 콘텐츠 개발과 이를 활용가능하게 하는 소프트웨어 개발은 톱니바퀴처럼 서로 맞물려 인문학을 바탕으로 한 지식협동의 관점에서 통섭의 필요성을 확인할 수 있다.

월슨은 사회생물학에서 자연과학, 사회과학과 인문학의 통합을 통섭이란 개념으로 강조한다. 그러나 훔볼트 형제는 그들의 삶과 업적에서 인문학을 바탕으로 하는 학문의 통섭을 일관되게 보여준다. 빌헬름이나 알렉산더의 삶에서 인문학은 매우 중요한 의미를 지니고 있는데, 빌헬름의 경우 인문학을 바탕으로 한 지식의 통합은 독일 교육제도 개혁과 비교언어학 연구에서 살펴볼 수 있다. 알렉산더는 자연의 아름다움을 감각적으로 관찰하고 탐구함에 있어서도 자연과 인간의 관계를 이해하고자 노력하고 이를 통해 세상을 보는 새로운 시각을 제시하였다. 이러한 그의 미학적 자연과학관은 인문학을 통해서 가능한 것이었다. 이는 '인간이해'라는 새로운 시각에서 자연과학적 세계를 바라보게 한다. 인문학을 바탕으로 한 지식

대통합의 예는 그의 「코스모스」 집필과 강연에서도 찾아볼 수 있다. 그의 「코스모스」 1권에서 5권에 이르는 내용들은 단순히 자연의 아름다운 신비함, 예술성만을 전달하고자 한 것은 아니다. 그는 자연의 아름다움을 통해 인간과 세계를 이해하고자 그토록 열정적으로 미지의 대륙을 탐험했다. 그러나 언제나 이 탐구의 중심에는 인간이 있었으며 그들이 사용하는 언어, 문화에 열광하며 새로운 대륙의 인간과 세계를 이해하고자 했다. 그의 「코스모스」 강연을 통해 우리는 미지의 세계를 자연의 법칙성과 아름다움을 통해 배우고 나아가 세계 인식의 지평을 넓히게 된다. 이러한 융·복합적 지식통합의 결과인 훔볼트 형제의 업적은 오늘날까지 다양한 분야에서 기억되고 있다.

통합의 인문학자로서 형제가 보여준 인문학적 통섭의 필요성을 살펴보자. 빌헬름의 업적은 세 가지로 정리해 볼 수 있다. 첫째, 프로이센의 외교관으로서 인류를 이해하고자 고고학과 인류학에 매진한 결과 인류학의 바탕이 되는 문화, 문학을 이해하고 그 근간이 인간의 정신활동인 언어라는 것을 발견한 것이다. 둘째, 그는 이러한 인문학적 사고에 바탕을 두고 기존 교육체제의 문제점을 해부학에서 인체를 해부하듯 자연과학적 체계성으로 철저하게 분석하였고, 동시에 인본주의적 이념으로 자유와 평등사상에 입각한 독일의 교육이념을 정립하였다. 셋째, 인류학과 문학에서 한 민족의 정신활동을 이끄는 핵심이 언어라는 점을 발견하고, 인류의 다양성을 언어의 다양성으로 해석하는데, 핵심논지는 언어가 한 민족의 정신활동이라는 점이며 이를 바탕으로 민족 고유의 개성을 발견하여 인류의 다양성에 기여한다는 것을 강조한 점이다. 그를 이해할 수 있는 핵심개념은 "개성"과 "다양성"이다. 그의 인류학적 성찰태도는 프랑스 혁명을 관찰하면서 개혁적으로 바뀌는데, 이는 베를린 훔볼트 대학 설립이념에도 적용된다. 그는 모든 인간의 자유와 평등을 바탕으로 신분에 관계없이 평등한 교육을 받을 수 있는 교육제도를 만들기 위해 노력한 인본주의적 교육철학자이며, 기존 교육제도의 불합리성, 부당성을 보완하려고 노력한 교육개혁가이다. 그가 대학시절 블루멘바흐에게 배운 해부학적 분석사고는 교육개혁에서도 나타난다. 그는 프로이센의 모든 기존의 교육상태와 재정적 문제점을 철저히 분석하여 당시 프로이센 교육체제의 문제점을 정확히 파악하였고 신분에 관계없이 모든 사람들을 위한 전인교육의 기관으로 초등학교와 김나지움, 대학의 교육이념을 세운다. 칸트와 블루멘바흐의 교육학적 영향 아래 "자유와 고독"이라는 빌헬름의 독일 교육이념은 인문학을 바탕으로 하는 자연과학적 분석방법으로 인간과 세계를 연결하고자 하는 지식 융합의 결과물이다. 그가 인간과 세상에 대한 이해를 바탕으로 체계적이고 정확한 분석으로 정립한 독일 교육이념은 21세기 현재까지 유효하며, 오늘의 강한 독일을 만드는 초석이 되었다고 할 수 있다. 유럽의 지역적 경계를 허무는 오늘날의 새로운 학제개혁도 빌헬름의 모든 사람을 위한 교육이념에서 출발했다고 할 수 있을 것이다.

빌헬름을 한마디로 정의하기는 어렵다. 그만큼 그는 학문의 경계를 넘나드는 다양한 분야에서 명성을 떨친 인물이다. 그는 비스마르크 재상과 비교되는 뛰어난 외교관이며 훌륭한 정치인이었다고 역사는 평가한다. 인류학과 고고학에 대한 그의 열정은 로마, 파리를 비롯한 고대문화 탐구로 이어지고, 언어와 정신문화의 관계성을 확인하는 작업은 비교언어학 연구의 새로운 방향 제시로 이어진다. 민족의 고유한 개성을 통해 나타나는 언어의 다양성과 인류의 다양성을 제시하는 그의 비교언어학 연구는 언어를 바탕으로 인간과 세계를 이해하는 데 기여한다. 그는 칸트, 괴테, 쉴러와 교류하였으며, 언어의 예술성과 아름다움을 괴테의 작품비평을 통해 제시하기도 하는데, 괴테가 그의 비평을 칭찬할 만큼 뛰어난 작가이기도 하다. 개인적으로 빌헬름은 카로리네와의 결혼에서 3,000통이 넘는 편지를 교환하며 그의 인류학적 평등사상을 결혼생활에서도 실천한다. 빌헬름 부부는 각자의 성적 개성을 존중하며, 각자 자기결정적이고 자기주도적인 태도로 합리적인 파트너관계를 유지하는 양성평등의 결혼생활으로도 유명하다. 이는 18세기라는 시대적 배경하에서는 가히 혁명적인 결혼관이라 할 수 있다.

훔볼트 형제의 공통점은 인류학을 바탕으로 인간과 세계를 이해하고자 노력한 데 있다. 알렉산더가 자연과학 분야에서 사람과 세계에 대한 이해와 관심을 바탕으로 인류의 조화로운 모습을 소개하려고 최선을 다하였다면, 빌헬름은 인류학이 바탕이 된 비교언어 연구에서 사람과 세계를 관찰하고 해부학적 방법으로 언어를 분석하며 언어와 사고의 상관관계에서 드러나는 개성을 통해 인간과 세계의 이해를 강조한다. 빌헬름은 언어연구에 있어서도 해부학과 같은 자연과학 지식을 바탕으로 분석하는 융·복합적 연구태도를 보여준다. 알렉산더가 아메리카 여행에서 수집한 아메리카 인디언 언어에 대한 자료들은 당시 언어학 발전에 혁명적인 계기가 된다. 이 자료들의 도움으로 이루어진 빌헬름의 세계와 인간에 대한 연구는 언어사에 큰 기여를 한다. 또한 언어와 사고의 밀접한 관계규명을 통해 인간 세계를 이해하려는 새로운 시각을 제시한다. 당시 유럽인들은 알렉산더와 빌헬름의 연구를 통해 아메리카 대륙이라는 낯선 세계에 살고 있는 인간과 세계에 대한 새로운 시각을 갖게 된다. 그들은 다른 대륙, 완전히 다른 구조의 언어를 사용하는 인류의 다양성을 훔볼트 형제를 통해 처음으로 접하는 기회를 가지게 된다. 왜냐하면 유럽인들은 유럽 밖의 낯선 사람들과 자신들이 다르다는 것과 다른 언어가 있다는 사실을 알게 되었기 때문이다.

왜 빌헬름의 언어정신을 살펴보아야 하는가? 현대 언어학에서 언어는 생물학적 프로그램으로 인식되며, 언어철학에서 언어는 항상 철학에 대항해서 싸워야 하는 적이다. 언어는 그림과 음악의 소용돌이에서 그 의미를 잃어가고 있으며, 일상생활에서 언어는 점점 소리를 잃어가고 있다. 우리 삶을 에워싸고 있는 컴퓨터를 비롯한 많은 기기들, 책제목, 영화에서 글로벌 영어식 이름이 대세이다. 한국뿐만 아니라 독일대학들도 많은 전공에서 영어로 수업할 것을 권장하고 있으며, 언어를 이성적 표현 도구이자 의사소통 도구로만 이해하고 있는 실정이다. 대학뿐 아니라 초·중·고등학교에서도 모국어보다 국제통용어인 영어를 선호하는 추세이다. 바로 이런 이유로 인간의 정신활동이며, 한 민족의 정신과 개성이 표현되는 언어를 올바르게 이해하기 위해 빌헬름의 언어철학에서 드러나는 그의 세계관을 배워야 할 것이다.

월슨은 「인간 본성에 대하여」에서 생물학자이면서도 문학, 철학, 사회학, 언어학을 아우르는 지식과 통찰력으로 인간의 본성을 사회생물학적으로 설명하고 있다.[65] 이는 인문학적 지식대통합 즉, 인문학을 바탕으로 한 지식통합의 예라 할 수 있다. 훔볼트 형제를 통해 학문간의 융합, 인문학을 바탕으로 한 융합, 인문학적 통섭을 되새겨 보아야 할 것이다. 이제 한국인의 특성에 맞는 인문학적 통섭이 고려되어야 한다. 이를 실천하기 위해서는 빌헬름이 제시하는 개성과 보편성을 바탕으로

---

[65] Wilson, 1978.

언어, 민족, 문화를 이해하는 인문학의 제너럴리스트와 스페셜리스트가 되어야 할 것이다.

빌헬름 폰 훔볼트 연대기

1811	비엔나 공사
1813–1816	비엔나, 파리, 프랑크푸르트, 프라그 회의에 프로이센 대표로 참가
1817	런던 공사
1819	신분제도 총괄 장관, 공직에서 은퇴
1820–1835	카비어를 비롯한 비교언어학 및 언어철학 연구에 집중
1830	추밀원 고문
1835. 4. 8.	테겔성에서 사망

알렉산더 폰 훔볼트 연대기

1769. 9. 14. 베를린 출생

캄프 훔볼트가에서 가정교사 시작

1777–1787 테겔성에서 쿤트와 캄프의 교육을 받음

1787–1788 프랑크푸르트 오더 대학에서 재정학 시작, 베를린으로 귀환

빌데노프에 식물학 사사받음

1789. 4. 25. 괴팅엔 대학 등록

마인쯔, 쾰른을 비롯한 라인강변 도시들 여행

1790 「라인강의 현무함에 대한 광물학적 관찰」 발표

게오르크 포르스터와 영국여행. 귀향길에 파리혁명 관찰

1790–1791 함부르크 상과대학 진학

1791–1792 작센 프라이베르크 광산대학 수학

1793–1795 광산감독관

1796. 11. 9. 어머니 사망 후 모든 관직 사퇴

1794–1797 괴테 및 쉴러와 교류

1797–1798 「자극된 근육섬유와 신경섬유에 대한 시도」

예나에서 괴테와 쉴러와의 만남

1798–1789 에메 봉플랑과의 만남, 마르세이를 경유하여 스페인 여행

1800. 2. 7. 오리노코강 여행, 포르투갈 여행

1801–1802 쿠바, 에쿠아도르 탐험

1802. 1. 6. 침보라소 화산 등반

1803–1804 멕시코에서 쿠바 탐험, 제퍼슨 미국 대통령과의 만남

1804. 8. 27. 파리 도착

참고문헌

최재천/주일우. 지식의 통섭. 학문의 경계를 넘다. 이음. 2007.

김동광/김세균/최재천. 사회생물학 대논쟁. 이음. 2011.

Aristoteles. The Categories. On Interpretation. Prior Analytics. London : Heinemann/ Cambridge, Mass. : Harvard University Press (Loeb' Classics.). 1962.

Aristoteles. Peri hermenias (Hrsg. Hermann Weidemann). Berlin : Akademie-Verlag. 1994.

Bopp, Franz. Über das Conjugationssystem der Sanskrisprache in Vergleichung mit jenem der griechischen, lateinischen, persischen und germanischen Sprache. Frankfurt am Main : Andreä. 1816.

Bopp, Franz. Ausführliches Lehrgebäude der Sanskrita-Sprache. Berlin : Dümmler. 1824.

Bopp, Franz. Vergleichende Grammatik des Sanskrit, Zend, Griechischen, Lateinischen, Litthauischen, Gothischen und Deutschen. 6 Bde. Berlin : Dümmler. 1833-52.

Bopp, Franz. Vocalismus : oder Sprachvergleichende Kritiken über J.Grimm' deutsche Grammatik und Graff's althochdeutschen Sprachschatz; mit Begründung einer neuen Theorie des Ablauts. Berlin : Nicolai (Nachdruck Frankfrut am Main : Minerva 1976).

Borsche, Tilman. Sprachansichten. Der Begriff der menschlichen Rede in der Sprachphilosophie Wilhelm von Humboldts. Stuttgart : Klett-Cotta. 1981.

Borsche, Tilman. Wilhelm von Humboldt. München : Beck. 1990.

Campe, Joachim Heinrich. Briefe aus Paris. 1790.

Chomsky, Noam. Current Issues in Linguistic Theory. Den Haag : Mouton. 1964.

Chomsky, Noam. Aspects of the Theory of Syntax. Cambridge, Mass. : The M.I.T.Press 1965.

Chomsky, Noam. Cartsian Linguistics. A Chapter in the History of Rational Thought. New York : Harper Row. 1966.

Chomsky, Noam. Sprache und Geist. Frankfurt am Main : Suhrkamp. 1970.

Chomsky, Noam. Rules and Representations. New York : Columbia University Press. 1980.

Chomsky, Noam. Linguistics and Adjacent Fields : A Personal View. In : Asa Kasher (Hrsg.) : The Chomskyan Turn. Cambridge, Mass./Oxford : Blackwell : 3-25. 1991a.

Chomsky, Noam. Linguistics and Cognitive Science : Problems and Mysteries. In : Asa Kasher (Hrsg.) : The Chomskyan Turn. Cambridge, Mass./Oxford : Blackwell : 26-53. 1991b.

Chomsky, Noam. New Horizons in the Study of Language and Mind. Cambridge : Cambridge University Press.

Dawkins, Richard. The Selfish Gene. 1976, 이기적 유전자(홍영남 · 이상임 역), 을유문화사, 1993.

Fröhling, Stefan/ Andreas Reuss. Die Humboldts. Lebenslinien einer gelehrten Familie. Nicolai. Berlin. 1999

Gall, Lothar, Wilhelm von Humboldt. Ein Preuße von Welt. Propyläen. 2011

Geier, Manfred. Der Wiener Kreis. Reinbek bei Hamburg : Rowohlt. 1992.

Geier, Manfred. Die Brüder Humboldt. Eine Biographie. Reinbek bei Hamburg : Rowohlt. 2009.

Grimm, Jacob. Deutsche Grammatik. Erster Theil. Göttingen : Dieterich. 1819.

Grimm, Jacob. Deutsche Grammatik. 4 Bde. Göttingen : Dieterich. 1822-37.

Grimm, Jacob. Geschichte der deutschen Sprache. 2 Bde. Leipzig : Weidmannsche

Buchhandlung. 1848.

Grimm, Jacob. Über den Ursprung der Sprache. In : Jacob Grimm : Kleinere
Schriften. Bd.1. Berlin : Dümmler 1863 : 255-298. 1851.

Grimm, Jacob. Selbstbiograohie. Ausgewählte Schriften, Reden und Abhandlungen
(Hrsg. Ulrich Wyss). München : dtv. 1984.

Grimm, Jacob und Wilhelm. Deutsches Wörterbuch. 16 Bde. Leipzig : Hirzel.
1854-1954.

Grimm, Jacob und Wilhelm. Über das Deutsche. Schriften zur Zeit-, Rechts-,
Sprach- und Literaturgeschichte (Hrsg. Ruth Reiher). Frankfurt am Main :
Röderberg. 1986.

Hegel, Georg Wilhelm Friedrich. Über die unter dem Namen Bhagavad-Gita
bekannte Episode des Mahabharata. Von Wilhelm von Humboldt. In.
Werke in zwanzig Bänden. Bd.11. Frankfurt am Main : Suhrkamp 1970 :
131-204. 1827.

Hegel, Georg Wilhelm Friedrich. Werke in zwanzig Bänden (Hrsg. Eva
Moldenhauer/ Karl Markus Michel). Frankfurt am Main : Suhrkamp. 1970.

Hegel, Georg Wilhelm Friedrich. Werke in zwanzig Bänden. Enzyklopädie der
philosophischen Wissenschaften im Grundrisse 1830. Frankfurt am Main :
Suhrkamp. 1986.

Heinz, Christine von. Wilhelm von Humboldt in Tegel : ein Bildprogramm als ein
Bildungsprogramm. München ; Berlin : Dt. Kunstverl. 2001.

Hjelmslev, Louis. Prolegomena to a Theory of Language. Madison, Wisc. :
University of Wisconsin Press.

Holl, Fank. Alexander von Humboldt. Netzwerke des Wissens. Bonn : Kunst- und
Ausstellungshalle der Bundersepublick Deutschland GmbH. 1999.

Humboldt, Alexander von. Relation historique du voyage aus régions équinoxiales
du Nouveau Continent. 3 Bde. Paris : Dufour (Nachdruck Stuttgart :

Brockhaus 1970). 1814-25.

Humboldt, Alexander von. Ansichten der Natur. Frankfurt am Main : Eichborn 2004 (Neuausgabe der dritten Ausgabe Stuttgart/ Tübingen : Cotta 1849). 1849.

Humboldt, Alexander von. Briefe Alexander von Humboldts an seinen Bruder Wilhelm (Hrsg. Familie von Humboldt). Berlin : Gesellschaft deutschen Literaturfreunde. 1923.

Humboldt, Alexander von. Die Jugendbriefe Alexander von Humboldts 1787-1799. Herausgegeben und erläutert von Ilse Jahn und Fritz G. Lange. Akademie-Verlag. Berlin. 1973

Humboldt, Alexander von. Briefe aus Amerika. 1799-1804. Ulrike Moheit (Hrsg.), Beiträge zur Alexander-von-Humboldt-Stiftung. (16), Akademie Verlag. Berlin. 1993.

Humboldt, Alexander von. Kosmos. Entwurf einer physischen Weltbeschreibung (Hrsg. Ottmar Ette/ Oliver Lubrich). Frankfurt am Main : Eichborn. 2004.

Humboldt, Alexander von. Ansichten der Kordillern und Monumente der eingeborenen Völker Amerikas (Übers. Claudia Kalscheuer). Frankfurt am Main : Eichborn. 2004.

Humboldt, Alexander von. Ueber die Urvölker von Amerika und die Denkmähler welche von ihnen übrig geblieben sind. Anthropologische und ethnographische Schriften (Hrsg. Oliver Lubrich). Hannover : Wilhelm. 2009.

Humboldt, Wilhelm von. Aeschylos Agammnon metrisch übersetzt von Wilhelm von Humboldt. Leipzig : Fleische. 1816.

Humboldt, Wilhelm von. Berichtigungen und Zusätze zum ersten Abschnitte des zweyten Bandes des Mithridates über die Cantabrische oder Baskische Sprache. In : Adelung/Vater 1817. Bd. IV : 275-360. 1817.

Humboldt, Wilhelm von. Prüfung der Untersuchungen über die Urbewohner Hispaniens vermittelst der Vaskischen Sprache. Berlin : Dümmler. 1821.

Humboldt, Wilhelm von. Über die Kawi-Sprache auf der Insel Java. 3 Bde. Berlin : Druckerei der Königl. Akademie. 1836-39.

Humboldt, Wilhelm von. Gesammelte Werke (Hrsg. Carl Brandes). 7 Bde. Berlin : Reimer (Nachdruck Berlin : de Gruyter 1988). 1841-52.

Humboldt, Wilhelm von. On the Verb in Americal Languages (Übers. Daniel G. Brinton.). In : Proceedings of the American Phiosophical Society XXII : 332-352). 1885.

Humboldt, Wilhelm von. Sechs ungedruckte Aufsätze über das klassiche Altertum (Hrsg. Albert Leitzmann). Leipzig : Göschen. 1896.

Humboldt, Wilhelm von. Gesammte Schriften (GS) 17 Bde. (Hrsg. Albert Leitzmann u.a.) Berlin : Behr. 1903-36.

Humboldt, Wilhelm von. Die Vasken. In : Humboldt 1903-36 XIII : 4-195. 1920.

Humboldt, Wilhelm von. Werke in fünf Bänden (Hrsg. Andreas Flitner/ Klaus Giel). Darmstadt : Wiss. Buchgesellschaft. 1960-81.

Humboldt, Wilhelm von. Über Schiller und Goethe. Aus den Briefen und Werken Gesammelt und erläutert von Eberhard Haufe. Weimar : Gustav Kiepenheuer. 1963.

Humboldt, Wilhelm von. Linguistic variability and intellectual development (Übers. G.C.Buck/ F.A. Raven). Coral Gabels, Fla. : University of Miami Press. 1971.

Humboldt, Wilhelm von. Briefe an eine Freundin. Joachim Lindner (Hrsg.). Berlin : Verlag der Nation. 1986.

Humboldt, Wilhelm von. On Language. The Diversity of Human Language Structure and its Influence on the Mental Development of Mankind (Übers. Peter Heath). Cambridge : Cambridge University Press. 1988.

Humboldt, Wilhelm von. Briefe an Friedrich August Wolf (Hrsg. Philip Mattson). Berlin/ New York : de Gruyter. 1990.

Humboldt, Wilhelm von. Über die Sprache. Reden vor der Akademie (Hrsg. Jürgen Trabant). Tübingen/ Basel : Francke. 1994.

Humboldt, Wilhelm von. Mexikanische Grammatik (Hrsg. Manfred Ringmacher) Paderborn. Schöningh. (Schriften zur Sprachwissenschaft. Bd. III.2). 1994.

Humboldt, Wilhelm von. Über die Verschiedenheit des menschlichen Sprachbaues und ihren Einfluß auf die geistige Entwicklung des Menschengeschlechts (Hrsg. Donatella Di Cesare). Paderborn : Schöningh 1998.

Humboldt, Wilhelm von. Mittelamerikanische Grammatiken (Hrsg. Manfred Ringmacher/ Ute Tintemann) Paderborn : Schöningh. (Schriften zur Sprachwissenschaft. Bd. III.4.) 2009.

Humboldt, Wilhelm von. Schriften zur Anthropologie der Basken (Hrsg. Bernhard Hurch) Paderborn : Schöningh. (Schriften zur Sprachwissenschaft. Bd. II.1.) 2010.

Humboldt, Wilhelm von. Südamerikanische Grammatiken (Hrsg. Manfred Ringmacher/ Ute Tintemann) Paderborn : Schöningh. (Schriften zur Sprachwissenschaft. Bd. III.5.) 2011.

Humboldt, Wilhelm von. Nordamerikanische Grammatiken (Hrsg. Micaela Verlato) Paderborn : Schöningh. (Schriften zur Sprachwissenschaft. Bd. II.1.) 2012.

Humbolt, Wilhelm und Caroline von Humboldt in ihren Briefen. 1787-1835. Hg. von Anna von Sydow. Sieben Bände. Berlin 1906-1916.

Kant, Immanuel. Kritik der reinen Vernunft. Band. 1. Suhrkamp Taschenbuch Wissnschaft 55. 1974.

Kant, Immanuel. Kritik der Urteilskraft. Band. 10. Suhrkamp. 1974

Kant, Immanuel. Schriften zur Metaphysik und Logik. Bd. VI. Suhrkamp. 1977.

Kant, Immanuel. Anthropologie in pragmatischer Hinsicht. In : Werkausgabe

(Hrsg. Wilhelm Weischedel). Bd. 12. Frankfurt am Main : Suhrkamp 1977 : 395-690. 1798.

Krätz, Otto. Alexander von Humboldt-Wissenschaftler. -Weltbürger-Revolutionär. München : Callwey. 2000.

Leibniz, Gottfried Wilhelm. Brevis designatio meditationum de Originbus Gentium, ductis potissimum ex indicio linguarum. In : Miscellanea Berolinensia ad incrementum scientiarium. Berlin : Johan. Christ. Papenii : 1-16. 1710.

Nietzsche, Friedrich. Vom Nutzen und Nachteil der Historie für das Leben. In : Werke in drei Bänden (Hrsg. Karl Schlechta). Bd. I. München : Hanser : 209-285. 1966

Rachel, Manfred. Wilhelm von Humboldts Begründung der "Einheit von Forschung und Lehre" als Leitidee der Universität. Zeitschrift für Pädagogik. 14 : 231-247. 1977.

Richter, Wilhelm. Der Wandel des Bildungsgedankens. Colloquium Verlag Berlin. Die Brüder von Humboldts, das Zeitalter der Bildung und die Gegenwart. Colloquium Verlag Berlin. Band 2 1971.

Saussure, Ferdinad de. Cours de linguistique generale (Hrsg. Tullio De Mauro). 1916, Paris : Payot 1975.

Schiller, Friedrich. Über die ästhetische Erziehung des Menschen. 1795.

Schiller, Friedrich/Humboldt, Wilhelm von. Der Briefwechsel zwischen Friedrich Schiller und Wilhel, von Humboldt 1830. (Hrsg. Sigfried Seidel). 2. Bde. Berlin : A Aufbau-verlag 1962.

Schlegel, Friedrich. Über die Sprache und Weisheit der Indier. Ein Beitrag zur Begründung der Alterthumskunde. 1808. Heidelberg : Mohr und Zimmer (Nachdruck Amsterdam : Benjamins. 1977.

Trabant, Jürgen. Apelitoes oder Der Sinn der Sprache. Wilhelm von Humboldts Sprach-Bild. Wilhelm Fink Verlag. München. 1986.

Trabant, Jürgen. Weltansichten. Wilhelm von Humboldts Sprachprojekt. C.H. Beck Verlag. München. 2012.

Vossler, Karl, Positivismus und Idealismus in der Sprachwissenschaft. Heidelberg : Winter. 1904.

Vossler, Karl, Gesamelte Aufsätze zur Sprachphilosophie. München : Hueber. 1923.

Vossler, Karl, Geist und Kultur in der Sprache. Heidelberg : Winter. 1925.

Vossler, Karl, Frankreichs Kultur und Sprache. Heidelberg : Winter. 1929.

Wilson. E. On Human Nature. 1978. 인간 본성에 대하여. (이한음 역). 사이언스북스 2000.

Wilson. Consilience : The Unity of Knowledge. Alfred A. Knopf. New York. 1998. 지식의 대통합. 통섭 (최재천/장대익 역). 사이언스북스 2005.

저자 **김미연**__ 경북대학교 인문대학 독문과 교수

    언어세계의 논리적 상상력에 매료되어 독일 언어와 문화에 관심을 갖는다. 문화간 의사소통관련 다수의 논문을 발표하였고, 최근 '통섭 교육과 교양 교육', '언어와 사고, 언어를 바탕으로 한 상상력'에 관해 연구를 진행하고 있다.

    "인간이란 무엇인가? – 용기를 가지고 자신의 이성적 판단에 따라 도전하라 *sapere aude incipe*"는 칸트의 계몽주의 구호에 훔볼트 형제처럼 감동받아, "아모르 파티 *amor fati* – 자신의 삶과 운명을 사랑하라"는 글로벌 시대에 필요한 메시지를 전하고자 이 책을 쓰게 된다. "언어가 사고를 형성하는 정신활동"이라는 훔볼트 형제의 언어관과 "자유와 고독"에 근거하는 보편가치 중심의 교양교육이념은 오늘의 언어교육과 교양교육을 성찰하게 한다.

    주요 저서로는 『한독 의사소통에서 나타나는 문화적 타부』, 『문화간 경제의사소통 구조 분석』, 『이문화간 의사소통 교육 방안』, 『문화간 전문인력 양성을 위한 교과과정』, 『Hotwords에 나타난 문화특징적 의미 연구』, 『상호문화 교육방안으로서 '비판적 상호작용상황'』, 『의사소통 윤리성에 대한 언어철학적 고찰』 등이 있다.

경북대 인문교양총서 ㉖
훔볼트 형제의 통섭

1쇄 발행 2014년 2월 28일
2쇄 발행 2016년 2월 28일

지은이 김미연
기 획 경북대학교 인문대학
펴낸이 이대현
편 집 이소희 이소정
디자인 이홍주
마케팅 박태훈 안현진

펴낸곳 도서출판 역락
주 소 서울시 서초구 동광로 46길 6-6 문창빌딩 2층
전 화 02-3409-2060(편집), 2058(마케팅)
팩 스 02-3409-2059
등 록 1999년 4월 19일 제303-2002-000014호
전자우편 youkrack@hanmail.net

값 9,000원
ISBN 979-11-5686-057-0 04160
     978-89-5556-896-7 세트